KB220531

비블로스성경인문학시리즈 1

혐오를 부르는 이름, 차별

— 차별에 대한 인문학적 · 성서학적 비판 —

비블로스성경인문학시리즈 1

혐오를 부르는 이름, 차별

– 차별에 대한 인문학적 · 성서학적 비판 –

비블로스성경인문학연구소 지음

책임편집: 박성철

저자 소개

강철구 박사

총신대학교 신학과와 신학대학원을 졸업한 후, 독일 튀빙겐(Tübingen)대학교에서 구약학으로 신학박사(Dr. theol.) 학위를 받았으며, 현재 웨스트민스터신학대학원대학교에서 구약학 교수로 재직하고 있다.

강호숙 박사

건국대학교 영어영문학과를 졸업 후, 총신대학교 신학대학원을 거쳐, 동대학원에서 신학석사(Th.M.)와 "교회여성리더십의 이론적 근거와 실천방안 연구"로 실천신학 철학박사(Ph.D.) 학위를 받았다. 총신대학교에서 '현대사회와 여성'을 강의하였고, 총신대학교 신학대학원에서는 '교회여성의 이해와 사역'을 강의하였다. 웨스트민스터신학대학원대학교에서 '성경과 여성', '기독신앙과 성', '여성과 설교'를 강의하였다. 현재는 기독인문학연구원에서 '여성의 눈으로 성경읽기' 강좌를 진행하고 있다. 저서로는 『여성이 만난 하나님』(2016)과 『성경적 페미니즘과 여성 리더십』(2020) 등이 있다.

구자용 박사

총신대학교 신학과와 신학대학원을 졸업한 후, 독일 본(Bonn)대학교에서 구약학으로 신학석사(Mag. theol.)와 신학박사(Dr. theol.) 학위를 받았다. 현재는 주안대학원대학교에서 구약학 교수로 재직하고 있다.

김혜란 박사

경기대학교 무역학과를 졸업한 후, 총신대학교 신학대학원을 거쳐, 웨스트민스터신학대학원에서 신약학으로 신학석사(Th.M.)와 "요한계시록 12장에 나타난 세 모티프의 중첩 사용 연구"로 철학박사(Ph.D.) 학위를 받았다. 웨스트민스터신학대학원과 아세아연합신학대학교에서 강의하였으며, 현재 교회 사역과 함께 KC대학교에서 초빙교수로 재직하고 있다.

박성철 박사

총신대학교 신학과와 신학대학원을 졸업한 후, 경희대학교 NGO대학원에서 시민사회학으로 석사 학위를, 독일 본(Bonn)대학교에서 신학석사(Mag. theol.)와 정치신학 연구로 철학박사(Dr. phil.) 학위를 받았다. 현재 햇불트리니티신학대학원대학교 초빙교수와 경희대학교 공공대학원 객원교수로 재직하고 있다. 공저로『칭의와 정의』(2017),『성폭력, 성경, 한국교회』(2019)가 있다.

박유미 박사

이화여자대학교 화학과를 졸업한 후, 총신대학교 신학대학원을 거쳐 총신대학교 일반대학원에서 구약학으로 신학석사(Th.M.)와 "내러티브 관점에서 본 사사기 4-5장의 통일성과 인물연구"로 철학박사(Ph.D.) 학위를 받았다. 이후 총신대학교 신학대학원과 학부에서 10여 년간 '사사기', '룻기-에스더', '에스라-느헤미야', '구약개요'를 가르쳤다. 현재는 안양대학교 구약학 겸임교수이며 비블로스성경인문학연구소의 소장으로 재직하고 있다. 저서로는『이스라엘의 어머니 드보라』(2007),『내러티브로 읽는 사사기』(2018) 등이 있다.

안주봉 박사

총신대학교 역사교육과를 졸업한 후, 건국대학교 대학원 사학과에서 서양사 석사를, 고려대학교 대학원 사학과에서 서양사 박사학위를 받았다. 건국대학교, 경희대학교, 고려대학교, 상명대학교, 순천향대학교, 안양대학교, 총신대학교 등에서 강사를 역임했다. 박사논문으로 "존 번연의 생애와 사상"이 있으며, 번역서(공역)로 『영국혁명 1640』, 연구논문으로 "멀티미디어시대와 역사학"(순천향인문과학논총, 2008), "17세기 잉글랜드에서 종교와 과학"(영국연구, 2012), "존 번연의 산문에 나타난 국가 이미지 연구"(영국연구, 2016) 등이 있다.

오민수 박사

총신대학교 신학과와 신학대학원을 졸업한 후, 독일 킬(Kiel)대학에서 "전도서, 잠언의 지혜전개 구분비교"로 신학박사(Dr. theol.) 학위를 취득하였다. 함부르크에서 5년 담임목회자로 봉직 후, 소명에 따라 귀국하여 대신대학교와 총신대학교에서 '사본학', '히브리어', '오경', '예언서', '지혜서', '시가서', '주경신학', '구약윤리'를 가르쳤다. 현재 한국국제대학교와 경민대학교에서 '창의인성'과 '기독교의 이해'를 가르치고 있다. 역서로 『세상에서의 삶: 윤리』(2019)와 『꾸밈없는 사람들』(2020)이 있다.

유연희 박사

감리교신학대학교과 대학원을 졸업한 후, 뉴욕 유니온신학대학원(Union Theological Seminary)에서 S.T.M., 철학석사(M.Phil.), 구약성서 전공으로 철학박사(Ph.D.) 학위를 받았다. 미국 연합감리교회(UMC) 뉴욕연회의 정회원 목사이고 아시아태평양 Regional Missionary로 일하였고 현재 감리교신학대학교 객원교수로 가르치고 있다. 저서로『아브라함과 리브가와 야곱의 하나님』(2009)과『이브에서 에스더까지』(2014)가 있다.

이수봉 박사

총신대학교 신학과와 신학대학원을 졸업한 후, 총신대학교 일반대학원에서 신학석사(Th.M.)와 철학박사(Ph.D.) 학위를 받았다. "하나와 여럿의 통일신학"을 연구하였으며, 통일 시대가 지향해야 할 가치 정립을 위해 후속 연구를 하고 있다. (사)기독교북한선교회에서 22년간 사무총장으로 사역하였으며, 현재는 선교통일한국협의회 사무총장으로 사역하면서 ACTS 선교대학원 북한선교학과에서 강의를 하고 있다.

서문

이 책은 비블로스성경인문학연구소 소속 연구원 10명의 연구논문으로 구성되어 있다. 각 논문은 2019년 한 해 동안 '차별을 넘어'라는 주제로 진행된 연구소의 콜로퀴움(Kolloquium)에서 다룬 내용을 기반으로 여러 달에 걸쳐 완성되었다. 이 과정에서 우리 연구자들은 서로 다른 차별의 문제들이 특정 집단에 대한 혐오의 문제와 연관되어 있음을 깨닫게 되었다. 한국사회에서 차별은 개인의 문제가 아니라 혐오를 정당화하는 사회적 기제, 즉 차별 기제(mechanism of discrimination)의 문제이다. 이러한 통찰은 차별의 문제를 해결하기 위해서 가부장제(patriarchy)와 이를 기반으로 한 사회적 헤게모니(hegemony)에 대한 비판적 이해가 필요하다는 인식을 갖게 하였다. 결국, 이 책은 이러한 비판적 이해를 각각의 전공 분야 속에서 풀어낸 결과물이다.

이 책은 총 2부로 구성되어 있다. 1부는 차별에 대한 인문학적 비판을 다룬다. 종교철학, 리더십, 조직신학, 역사학 전공자들이 자신들의 전공 지식을 기반으로 차별의 문제에 비판적으로 접근하고 있다. 박성철 박사의 "한국교회 내 기독교 파시즘의 차별 기제에 대한 비판"은 전광훈으로 대표되는 기독교 극우 세력의 정치운동을 기독교 파시즘(christofascism)의 관점에서 비판적으로 분석한다. 이를 통해 차별 기제가 한국교회의 다양한 차별의 문제에 어떤 부정적인 영향을 미치는지를 밝히고 있다.

강호숙 박사의 "남녀차별 없는 교회 직분을 희망한다!"는 한국교회가 남녀 평등한 교회 직분 제도로 나아가기 위해 여성의 주체성과 대표성을 인정하는 성경적 페미니즘이 필요하다는 것을 강조한다. 동시에 남녀 평등한 교회 직분을 위한 세 가지 실천 대안을 제시하였다.

이수봉 박사의 "탈북민 차별: 한반도 통일의 관점에서"는 남한사회에 만연해 있는 탈북민에 대한 차별을 비판하고 한반도 통일에 있어 양 국민 사이의 내적 통일에 필요한 조직신학적 접근을 시도하고 있다. 이를 위해 바울 신학 속의 교회론을 한반도 내적 통일이라는 측면에서 분석하고 있다.

안주봉 박사의 "근세 초 영국에서 '정통' 종교에 의한 전제적 억압과 관용의 발전 과정 고찰: 존 번연의 경우를 중심으로"는 최근 보수 종교 세력의 정치 관여 현상에 직면하여 정치와 종교의 정략적 제휴나 연대가 가져올 위험성 중 특히 불관용 혹은 배타성의 강화 위험성 문제를 역사적 관점에서 재고찰하고자 하였다. 이를 위해 근세 초 영국에서 일어난 정치-종교적 격변들, 그리고 그 안에서 자신의 종교적 자유를 위해 투쟁했던 『천로역정』의 저자 존 번연과 같은 개인의 삶 그리고 이어진 관용정책의 등장 과정을 개관하였다. 이 과정에서 나타난 정치-종교의 분리과정이 왜 필요했는지를 확인함으로써 현재의 정치-종교 문제에 시사적인 교훈을 제시하고자 하였다.

2부는 차별에 대한 성서학적 비판을 다룬다. 5명의 구약성서 전공자와 1명의 신약성서 전공자가 성서 속의 여성차별, 계급차별,

지역차별, 사회적 약자 차별의 문제를 현대적 관점에서 재해석하고 있다.

박유미 박사의 "구약은 이방여성을 차별하는가?: 유혹자 프레임에 갇힌 이방여성 다시 보기"는 이방여성에 대한 차별을 정당화한다고 전통적으로 해석된 구약성서의 본문을 재해석함으로써 구약성서를 기반으로 하는 여성차별적 주장을 비판한다. 동시에 구약성서 속의 이방여성에 대한 균형적 시각을 제공하기 위해 이방여성을 긍정적으로 묘사하고 있는 구약성서의 서술들을 세밀하게 분석하고 있다.

유연희 박사의 "그녀를 창녀라 불렀다: 레이블링으로 차별하기"는 솔로몬의 재판 이야기(왕상 3:16-28) 속에서 '창녀'로 소개되는 두 여자가 소송에서 적이 아니라 가족 같은 가까운 사이라고 해석한다. 또한 '창녀' 명칭이 규범에 어긋난 두 여자의 생활양식 때문에 공동체가 차별하려고 붙인 레이블링이라는 입장에서 두 여자가 공동체의 레이블링을 어떻게 내면화했는지도 살펴본다.

강철구 박사의 "가난한 이들의 아버지: 차별을 넘어 연대로"는 욥기에 등장하는 가난한 자들에 대한 본문들을 마태복음의 기록과 비교함으로써 가난한 자들과의 나눔과 연대의 구원론적 의미를 내포하고 있음을 밝히고 있다. 특히 가난한 자와의 나눔과 연대가 기독교 신앙에 있어 매우 중요한 역할을 감당하고 있음을 강조한다.

구자용 박사의 "'보라, 압제당하는 자들의 눈물을!'(전 4:1b): 사회 정의와 인권에서의 차별에 대한 전도서의 교훈"은 압제당하는 자에 대한 차별의 문제를 전도서를 통해 비판적으로 접근하고 있다. 이를 통해 사회적으로 억압받는 사회적 약자들이 사회 정의와 인권으로부터 소외되고 있는 현실을 바꾸기 위해 그리스도인들이 적극적으로 사회적 영역에 참여해야 한다는 것을 강조한다.

오민수 박사의 "교파주의 차별에 대한 비평적 접근: 사마리아 제의분리의 성경증언 관점에서"는 구약성서 속의 사마리아 관련 분쟁에 대한 본문들(왕하 17:24-41; 스 4:1-5:7; 느 2-6; 13)이 신앙의 순수성에서 떠난 사마리아 종단의 비전통성을 암시하고 있다는 전통적인 오인과 그로 인한 차별과 배재, 혐오의 문제를 비판적으로 다룬다. 본 논문은 포로기 이전 본문은 통합과 수용을 말하며, 포로기 이후 본문은 정치적 정체성('성벽') 옹호가 쟁점임을 밝힌다. 또한, 사마리아 종단 분리에 대한 사건의 재구성은 교파 차별의 한 실례로서 오늘날의 역사적 현실을 반성하게 한다는 점을 분명하게 제시한다.

김혜란 박사의 "차별과 혐오의 렌즈로 요한계시록 읽기"는 외국인 노동자들의 학대와 착취가 이루어지는 시대 속에서 차별과 혐오의 렌즈로 요한계시록 읽기를 시도한다. 특별히 1세기에 차별과 혐오의 대상이었던 순교자들(계 6:9-11)과 노예들(계 18:13)을 언급한 요한계시록의 본문을 분석하여 신학적 메시지를 제시한다. 이러한 요한계시록의 읽기를 통해 오늘날 차별과 혐오의 문제를 종말론적 시각에서 바라보고 새로운 희망의 메시지를 모색한다.

차별은 한편으로 개인적 인격의 문제와 연결되어 있다. 하지만 차별을 개인적 성품의 문제로만 치부한다면 개인의 도덕적 성품을 함양해야 한다는 식의 해결책만이 제시될 수밖에 없다. 차별의 문제는 본질적으로 혐오를 정당화하는 기제의 문제이며, 차별 기제는 특정한 사회적 이해관계(social interests)와 연결되어 있다. 차별이 당연시되는 사회에서 사회적 약자와 소수자는 언제나 피해자일 뿐이다. 더구나 차별로 인한 사회적 갈등은 모든 사회 구성원들에게 부정적인 영향을 미친다. 그러므로 이 책은 현대사회에서 발생하는 모든 개별적 차별이 결국 사회적 차별의 문제와 연결되어 있으며 혐오를 정당화하는 차별 기제를 통해 심화된다는 문제 인식에서 논의를 진행한다. 이는 교회와 같은 종교적 영역에서 발생하는 차별 문제에도 그대로 적용된다.

오늘날 한국의 기독교는 사회적 약자와 소수자에 대한 혐오를 부추기고 타 종교에 대한 차별을 정당화하는 배타적이고 권위주의적 종교로 나아가고 있다. 이러한 현실 앞에서 건강한 신앙을 가진 그리스도인이라면 혐오를 정당화하는 차별 기제를 비판하고 해체하기 위해 노력해야 한다. 이 책의 제목처럼 혐오를 부르는 이름인 차별은 기독교적 가치와 아무런 관계가 없다. 차별의 문제를 해결하기 위해 나아가는 모든 이들에게 이 책이 작은 위로가 되기를 소망한다.

2020년 3월 남한산성 아래에서
책임편집자 박성철

CONTENTS

1부

차별에 대한 인문학적 접근

1장. 한국교회 내 기독교 파시즘의 차별 기제에 대한 비판

박성철(독일 본대학교 철학박사, 정치신학 전공)

I. 들어가는 말[1)]

오늘날 한국교회 내 반(反)이슬람과 반(反)동성애 운동과 같은 배타적인 기독교 정치운동에 대한 우려의 목소리가 나날이 높아지고 있다. 극우적인 정치 세력과 결탁하며 한국정치의 한 세력으로 자리 잡은 배타적인 기독교 정치운동은 사회적 약자와 소수자를 향한 혐오와 배제를 정당화하는 차별 기제를 통해 작동하고 있다. 이러한 현실은 그의 제자들에게 서로 섬길 것을 가르쳤고 스스로 제자들뿐 아니라 사회적 약자와 소수자를 섬겼던 예수의 가르침과는 전혀 관계가 없어 보인다(요 13:15). 그러므로 예수를 따르는 자로서 그리스도인은 극우 기독교 정치운동의 차별 기제(mechanism of discrimination)를 거부할 수 있어야 한다.

사회적 차별이란 개인의 특성을 무시하고 소속되어 있는 집단이나 사회적 범주에 근거하여 합리적으로 설명할 수 없는 다른 취급을 하거나 불이익을 주는 행위를 의미한다. 사회적 차별은 인간의 인격성을 파괴하는 비인간적인 행위이다. 우리는 20세기 홀로코스트(holocaust)의 비극을 통해 차별 기제가 극우 정치 세력과 결탁했을 때 표출하는 폭력적인 공격성이 인간을 얼마나 처참하게 만드는지를 배웠다. 시민으로서 그리스도인이 사회적 영역에 참여하는 것은 매우 자연스러운 일이지만 극우 기독교 정치운동과 같이 기독교와 차별 기제가 결합할 경우, 극단적인 배타성이나 폭력적인 공격성의 문제를 발생한다는 것도 무시해서는 안 된다.

사실 모든 종교는 종교적 권위를 내세워 타자를 억압하고 복종시키는 권위주의적 종교(authoritarian religion)로 전락할 수 있다.[2] 물론 기독교 역시 자유롭지 않다.[3] 특히 20세기 기독교는 파시즘(fascism)과 결합하여 기독교 파시즘(christofascism)으로 변질되었다.[4] 파시즘은 타자를 억압하여 복종시키기 위해 혐오와 배제를 정당화하는 극단적인 차별 기제를 통해 움직인다. 나치(Nazi) 독일 시대 아돌프 히틀러(Adolf Hitler)를 지지했던 '독일 그리스도인 운동'(Die Deutschen Christen-Bewegung)과 카를 슈미트(Carl Schmitt)의 '정치신학'(Politische Theologie)은 그 대표적인 경우이다. 하지만 이러한 극단적인 차별 기제는 오늘날에도 여전히 작동하고 있다.

위르겐 몰트만(Jürgen Moltmann)의 분석에 따르면, 인종차별, 여성차별 그리고 자본에 의한 계급적 차별 등은 신학적인 측면에서 동일한 기제로 작동한다.[5] 차별 기제는 불안한 현실로 인해 자기 정당성을 상실할 위기에 직면한 현대인들이 타자에 대한 차별을 정당화함으로써 자기 정체성을 지키려는 욕구에서 발생한다. 이러한 차별 기제는 현대인들이 집단적으로 자기 정체성의 위기를 겪을 때, 언제라도 반복될 수 있으며 극단적인 차별 기제가 내뿜는 폭력성과 공격성은 사회 구성원 누구에게나 발현될 수 있다. 더구나 서구의 파시즘과 같이 차별 기제가 종교적으로 정당화될 때 더욱 과격한 폭력성과 공격성을 표출한다. 이러한 현상은 결국 교회의 가치를 왜곡한다. 그러므로 본 글에서는 기독교 파시즘이 포함하고 있는 극단적인 차별 기제를 분석함으로써 한국교회 내 광풍처럼 불고 있는 극우 기독교 정치운동에 대해 비판을 가하려고 한다.

II. 기독교 파시즘의 특징

제2차 세계대전의 종전 이후 국가주의와 결탁한 고전적인 파시즘(classical fascism)의 영향력은 많이 약화되었다.6) 하지만 종전 이후 민주주의사회에서도 고전적 파시즘과 같이 극단적인 차별 기제는 작동한다. 오늘날 네오-파시즘(neo-fascism)은 후기-파시즘(post-fascism)7) 혹은 '친절한 파시즘'(friendly fascism)8) 등 다양한 용어로 표현되는데, 고전적 파시즘과의 외적 차이에도 불구하고 극단적인 차별 기제를 통해 작동한다는 측면에서 연속성을 가진다. 기독교 파시즘은 파시즘이 내포하고 있는 일반적인 특징(국수주의와 전체주의적 독재체제)을 공유하면서 종교적 요소로 인해 독자적인 특징(신성화된 자본주의와 기독교 근본주의)을 포함한다.

1. 국수주의(Ultranationalism)

파시즘은 국수주의를 지향한다. 국수주의란 일차적으로 극단적인 국가주의를 의미하는데, 이러한 사회적 흐름이 기존의 국가체제에 대한 거부와 새로운 국가체제를 지향하는 운동과 결합할 때, 파시즘으로 발전한다. 파시즘은 집단의 전체를 신성시하여 개인보다 우위에 두는 경향이 있는데, 이때 이 집단은 국가 혹은 민족으로 대표되며 동시에 신성화된다. 이탈리아에서 초기 파시즘은 "기존의 보수주의와 좌파에 대한 적대감과 함께 극단적 민족주의와 연결되어" 있었던 정치적 운동에서 출발하였다.9) 그러므로 파시즘은 "국가의 중요성을 강조하며, 따라서 개인의 삶을 용인하는 것도 개인의 이익이 국가와 일치하는 경우에 한정"하며, "국가의 권리를 개인의 참된 본질에 대한 표현임을 재천명"한다.10)

파시즘의 국수주의적 경향은 사회적 약자와 소수자에 대한 강력한 차별 기제를 통해 작동한다.11) 특히 외국인에 대한 혐오나 인종차별이 두드러진다. 파시즘에서 다양성은 불일치를 의미하며, "불일치는 바로 배반"으로 이해된다. 파시즘은 다양성을 기반으로 하는 차이를 인정할 수 없기에 "차이에 대한 두려움"을 과장하고 이용함으로써 일치를 강요한다. 파시즘이 가진 사회적 일치에 대한 강박관념은 파시즘이 "개인적 또는 사회적 좌절에서 분출"되기 때문이다. 역사적으로 파시즘들의 전형적인 특징 중 하나가 "좌절된 중간 계층들에 대한 호소"였는데, 이들은 "어떤 경제적 위기 또는 정치적 모욕으로 인해 불안해하거나, 사회적 하층 집단들의 압력에 놀란 중간 계층들"이다. 파시즘은 이들에게 동일한 국가에서 태어났다는 것에 정체성을 부여하여 특권으로 여기게 조정함으로써 국수주의를 강화한다.

사회적 약자와 소수자를 가상의 적으로 상정하고 그 존재 자체를 위험으로 호도함으로써 이들에 대한 차별을 강화할수록 국수주의의 이데올로기는 강화되기에 국가를 기반으로 하는 정체성을 공유하지 못하는 외국인이나 소수 인종은 혐오와 배제의 대상이 되어 버린다. 기독교 파시즘은 국수주의를 종교적으로 정당화하며 자신이 속한 국가 공동체를 구약의 이스라엘과 동일시함으로써 외국인에 대한 혐오와 인종차별을 강화한다.

2. 전체주의적 독재체제(Totalitarian Dictatorship)

국수주의가 파시즘으로 변질될 경우, 집단의 전체를 신성시하고 그 집단을 상징하는 카리스마적 지도자에게 완전히 복종할 것을 강요하는 사회적 억압이 작동한다.12) 수직적 집단주의는 전체주의적 독재체제의 기반이 된다. 전체주의란 용어는 1919년 이탈리아의 베니토 무솔리니(Benito Mussolini)에 의해 시작된 파시스트 운동을 특징화하기 위해 사용된 만큼 파시즘과 전체주의는 종종 상호 교환적으로 사용된다.13) 스타니슬라브 안드레스키(Stanislav Andreski)는 전체주의를 "사회적 삶의 전체에 대한 영구적인 정부 통제의 확장"으로 규정하였다.14) 셀던 월린(Sheldon S. Wolin)은 전체주의를 "일사불란하게 질서 잡힌 하나의 전체로서의 사회, 그 안에서 각 부분들이 정권의 목적에 봉사하고 그 목적을 연장시키기 위해 사전에, 필요하다면 강제적으로, 조정되는 사회라는 이데올로기적이며 이상화된 사회 개념을 현실화하려는 시도"라고 규정하였다.15) 20세기에 등장하였던 고전적인 전체주의-이탈리아의 파시즘, 구(舊)소련의 스탈린주의(Stalinism), 독일의 나치즘(Nazism), 스페인의 프랑코주의(Francoism), 일본의 군국주의(軍國主義) 등-는 강력한 일인

독재체제를 지향하였는데, 이러한 체제 내에서 독재자의 남성성이 절대화되었다.16)

　물론 냉전시대 전체주의에 대한 연구는 서방세계가 사회주의 체제를 악마화하기 위해 악용되었다. 그러므로 슬라보예 지젝(Slavoj Žižek)이 제기한 "전체주의" 개념의 실재성과 이념적 편향성에 대한 비판을 무시해서는 안 된다.17) 또한 움베르토 에코(Umberto Eco)와 같이 파시즘에 대한 보다 깊이 있는 담론을 전개하기 위해 파시즘과 전체주의를 구분할 수도 있다.18) 그러므로 한나 아렌트(Hannah Arendt)가 지적한 바와 같이 '전체주의'라는 단어를 신중하게 사용할 필요가 있다.19) 하지만 에코도 "원형 파시즘"(Ur-fascismo) 또는 "영원한 파시즘"의 특징들이 전체주의에도 전형적으로 나타난다는 점을 인정한다.20) 더구나 기독교 파시즘과 관련된 연구 속에서 파시즘과 전체주의를 종종 상호 교환적으로 사용하고 있다. 예를 들어, 미국의 소위 '주권운동'(dominionism)의 경우, 미로슬라브 볼프(Miroslav Volf)는 이를 "기독교 전체주의"로 표현하는 데 비해,21) 크리스 헤지스(Chris Hedges)는 "기독교 파시즘"으로 표현한다.22) 냉전시대 전체주의 연구의 문제점에도 불구하고 전체주의라는 용어가 파시스트 운동의 특징을 묘사하기 위해 처음 사용되었고 일인 독재자의 권력을 신성화하여 사회 전반에 대한 완전한 통제력을 추구하는 정치체제를 가리킨다는 것은 부인할 수 없다.

3. 신성화된 자본주의(Sanctified Capitalism)

20세기 파시즘은 자본주의와 사회주의 체제 모두에서 발생하였다.

하지만 기독교 파시즘은 '신성화된 자본주의'(sanctified capitalism)-혹은 '이상화된 자본주의'(idealized capitalism)-와 결합하였다. 이탈리아에서 파시스트 운동이 처음 등장했을 때, 파시스트들은 민족국가의 형성을 위해 자본주의를 이상적 가치로 받아들였다. "파시즘은 민족국가의 형성에서 정점에 이르는 장기적인 국가 구성 과정의 산물이면서, 또한 고도 산업 자본주의로 향하는 장기적인 자본주의 발전의 산물이라는 말이다. 이를 뒤집어 말하면, 일정한 수준의 자본주의 발전이 없다면 파시즘이 나타나리라고 기대할 수 없다는 것이다."23) 미국의 경우, 1920년대와 30년대 일부 강력한 산업주의자들에 의해 파시즘의 도래를 고대하고 환호하는 흐름은 이미 존재했었고 그들에게 파시즘은 거의 숭배의 대상이었다.24) 물론 앞에서 언급한 바와 같이 파시즘은 단순히 자본주의만의 문제는 아니다. 하지만 카르텔(cartel)과 트러스트(trust)와 같은 시장 독점을 정당화하는 자본주의 이데올로기 등장과 파시스트 운동이 상호 연관성을 가지고 있다는 점은 부인할 수 없다.25)

오늘날 미국에서 네오-기독교 파시즘이 번영신학과의 밀접한 상관관계 속에서 작동하고 있는 것은 결코 우연이 아니다. 번영신학은 자본주의를 쉽게 신성화하고 자본의 독점과 부의 축적을 위한 사회적 행위를 종교적으로 정당화한다. 번영신학과 결합한 신성화된 자본주의는 경제적 계층 혹은 계급에 따른 차별을 정당화하는 정치적 이데올로기를 강화하고 현실 자본주의에 대한 비판을 악마화한다.

4. 기독교 근본주의(Christian Fundamentalism)

기독교 파시즘은 기독교 근본주의를 기반으로 한다. 고전적 파시즘은 종교적 이데올로기와 쉽게 결합하는 특징을 가지고 있었다. 종교적 파시즘은 1920년대 무솔리니와 파시스트 운동을 지지했던 교권파시즘(clerico-fascism)에서 이슬람 원리주의까지 다양한 모습으로 나타나는데, "특정한 종교가 공적인 삶에 철저히 침투해야 한다"고 주장하며 "종교가 공적 영역을 마음대로 지배하도록 허용"한다.26) 서구사회에 등장하였던 파시즘은 실질적으로 기독교 파시즘이었다. 칼 프리드리히(Carl. J. Friedrich)와 즈비그뉴 브레진스키(Zbigniew K. Brezezinski)는 20세기 서구에서 등장한 전체주의가 기독교적 천년왕국 이데올로기를 포함하고 있었다고 주장하였고,27) 에코는 나치즘이 "영지주의"(靈智主義, gnosticism)의 영향을 받았다고 분석하였다.28) 구체적인 종교적 요소에 대한 분석은 다를 수 있지만 서구사회의 파시즘이 기독교와 쉽게 결탁하는 경향이 있다는 것은 부인할 수 없다.29) 이러한 관점에서 볼 때, 서구 문명의 몰락을 가져왔던 '파시즘의 시대'(Era Fascista)는 기독교 파시즘의 시대라고 규정할 수 있을 것이다.

오늘날 네오-기독교 파시즘은 기독교 근본주의를 기반으로 한다. 에코에 따르면, 파시즘의 중요한 특징 중 하나는 "전통의 숭배"인데, 전통주의는 "현대성의 거부"를 함축한다.30) 그러므로 파시즘은 기본적으로 "비합리주의"를 지향하는데, 이로 인해 "행동을 위한 행동"의 찬양에 의존함으로써 극단적인 행동을 정당화한다.31) 이와 유사한 사유방식이 기독교 근본주의 속에도 자리 잡고 있다. 기독교 근본주의자들은 자신들의 규칙이 "모든 사람, 모든 삶의 영역에 적용되어야 한다"고 믿기에 사회 전반에 기독교 규율을 실현하려한다. 이들에게 "교회와 국가, 또는 삶의 공적 영역과 사적 영역의분리는 있을 수 없다." 하지만 문제는 이들이 주장하는 기독교 규율은 근대 이전의 신정일치 국가(Theocracy State)에서 형성된 것들이다.32) 기독교 근본주의는 민주적 다양성을 무시하는 경향을 보이며 극우적인 정치적 가치를 신봉하고 최종적이며 규범적으로 승리한 그리스도의 깃발을 따르지 않는다고 생각하는 모든 집단들에대한 차별을 정당화한다.33) 그러므로 도로테 죌레(Dorothee Sölle)가 1960년대 후반의 미국의 네오-파시즘과 기독교 근본주의의 밀접한 상관관계를 기독교 파시즘(Christofaschismus)이라는 용어를통해 설명하려 한 것은 결코 우연이 아니다.34)

Ⅲ. 기독교 파시즘의 차별 기제

기독교 파시스트들은 그들 자신의 가치를 다른 종교들뿐만 아니라 다른 문화와 정당들에 강요한다.35) 이때 그들의 가치를 따르지않는 이들, 특히 사회적 약자와 소수자들을 향해 혐오를 부추기고차별을 정당화한다. 몰트만의 분석에 따르면, 사회적 약자와 소수자들에 대한 혐오를 기반으로 배제를 지향하는 차별의 흐름은 그대상과 관계없이 동일한 기제에 의해 작동한다.

1. 인종에 따른 차별(Racism)

기독교 파시즘은 인종차별을 정당화한다. 극단적인 국가주의를 지향하는 파시즘을 지탱하는 차별 기제는 외국인이나 다른 인종을 동일한 국가의 정체성을 공유하지 않는 존재로 규정하고 동일한 특권을 누리지 못하도록 억압하는 것을 정당하다고 여기도록 자극한다.36) 몰트만은 인종차별주의를 "자신의 인종 그룹에 대한 인종 중심적인 자부심, 이러한 그룹 특유의 근본적으로 생물학적인 유형의 특징들에 대한 우대, 다른 인종적 그룹들을 차별하고 공동체의 삶에로의 완전한 참여로부터 배제하려는 압박과 연결된 다른 그룹들에 대한 부정적인 감정들을 의미한다"고 규정한다.37) 사실 "인종적 차이에 관한 온갖 주장은 신화일 뿐 실제 인간의 능력이나 행동과 아무 관련이 없다."38)

인종차별주의는 인종 간의 능력이나 행동의 차이를 바라보는 관점이라기보다는 왜곡된 인간관의 문제이다. 몰트만에 따르면, 인종차별주의자들은 자신이 속해 있는 인종의 특징들을 인간 자체와 동일시한다. 백인 인종차별주의자들의 경우, '인간은 희다'라는 자신의 인종적 특징을 곧 인간을 규정짓는 보편적인 가치로 치환한다. 그러므로 인종차별주의자들의 입장에서 다른 인종들의 사람들은 "하류 인간들"이며, 낮은 가치와 미미한 능력을 가진 인간들이다. 이런 차별의식은 다른 피부색을 가진 이들을 인간이 아니라 동물적 존재로 인식시키며 다른 인종의 문화를 후진적이라고 평가절하한다. 이는 우월적인 존재에 대한 후진적 존재의 복종과 이를 위한 억압을 정당화한다. 그러므로 인종차별주의의 자기 정체성은 언제나 다른 인종에 대한 차별을 통해 정립되는 부정적이고 경직된 공격적인 정체성이다.39)

2. 젠더(gender)에 따른 차별

파시즘은 전체주의적 독재자의 남성성을 절대화하기에 필연적으로 젠더 차별을 정당화한다. 몰트만에 따르면, 여성차별이란 "남성이 자신의 남성성 속에서 특권들이라고 보는 그것들로 인한 여성에 대한 남성의 지배"를 의미한다.[40] 여성차별 기제는 인종차별 기제와 유사하다. 남성이라는 이유로 여성을 차별하는 이들은 자신의 성별에 대한 자부심을 중시하며, 이러한 자부심은 남성으로서 소유하는 성별 특유의 성질을 우대하는 문화에 의해 강화된다. 여성차별주의자들에게 남성으로서의 특성들은 단순히 생물학적 본성이라기보다는 하나의 거부할 수 없는 운명처럼 받아들여진다.

이는 기독교 파시즘의 경우에도 동일하다. 오히려 기독교 근본주의를 지탱하는 가부장제(家父長制)의 영향으로 인해 기독교 파시즘 속에서 여성차별은 더욱 심화된다.[41] 사실 여성차별주의와 가부장제는 동전의 양면과 같다. 여성차별주의는 여성을 "약한 성별"로서 과소평가하기에 "여성적" 특성들에 대해 필연적으로 저평가하고 여성이 남성과 같이 공동체적 삶에 온전히 참여하는 것을 부정하거나 배제한다. 가부장제는 동일한 차별 기제를 공유한다. 가부장제는 단순한 가족체계가 아니라 권력을 위한 투쟁과 관련되어 있다. 그러므로 이전의 모계 중심적 문화들은 쉽게 "선-사적"(先-史的, prä-historisch)이라고 불리게 되었고 초기 기독교는 고대의 강력한 가부장제의 영향을 받았다.[42]

하지만 하나님은 남성이나 여성으로 고착화되지 않는다. 구약은 하나님을 남성적 특성들뿐 아니라 여성적 특성들을 통해서도 묘사하고 있다. 그럼에도 불구하고 십계명을 비롯하여 구약의 일부 기록들은 여성이 남성의 소유물이 되어야 하는 것처럼 잘못 이해되었다. 창세기의 경우, 남성과 여성이 동일한 가치를 지니고 있다는 기록보다는 여성이 두 번째로 창조되었고 첫 번째로 죄를 지었다는 측면에서 해석되었다. 특히 창세기 3장 16절의 기록은 여성이 형벌로서 "고통 가운데 아이를 낳아야 하고", "남편에 대한 갈망을 가져야 하고" 남성에 의해 지배되어야 한다는 가부장적 가르침으로 오해되었다. 이러한 구약 본문에 대한 파편적인 이해는 남자가 하나님과 세상 앞에서 여성을 지배하고 지도하도록 결정되었다는 이데올로기를 강화시켰다.43) 인류학적 측면에서 여성차별의 기제는 "양성 간에 위계나 차별이 없는 평등주의적 수렵·채집 사회"가 농업사회로 전환하는 가운데 나타난 만큼 구약성서의 여성과 관련된 기록들은 신중하게 해석되어야 한다.44) 하지만 예수 시대에도 여성에 대한 차별이 만연하였다는 것을 감안한다면 구약성서가 여성차별 기제를 강화하는 이데올로기로 남용되었음을 부정할 수는 없다.

인종차별주의와 같이 여성차별주의에서도 남성적 성별의 특징들을 완전한 인간으로 치환하는 기제가 작동한다. 여성차별주의자들은 여성을 낮은 등급의 인간으로 평가하고 미미한 능력을 가진 존재로 간주한다. 소위 여성적 특성들은 공격적인 남성의 문화 속에서 저평가되며, 그 자체의 성별로 인해 여성에 대한 남성의 우월은 정당화된다. 여성차별주의 속에서 남성은 자신이 "여성이 아니다"라는 것을 통해 자신을 정립한다. "여성화"되지 않도록 노력함으로써 자신을 정립하는 여성차별적 정체성은 부정적이며 공격적일 수밖에 없다. 여성차별을 정당하다고 느끼는 남성은 남성적 우월성을 지속적으로 느끼기 위해 여성적 열등성 콤플렉스들을 양산하고 결국 남성됨을 신의 뜻으로, 운명으로 받아들이게 된다.45) 여성에 대한 차별과 성소수자에 대한 차별이 연속성을 갖는 이유는 성소수자의 정체성이 여성차별주의의 기반이 되는 남성성을 약화시키기 때문이다. 성정체성의 유동성은 남성성을 기반으로 하는 차별 기제를 무력화한다. 그러므로 여성차별주의자들의 부정적이고 공격적인 정체성은 성소수자에 대한 차별로 이어지며 성소수자들에 대한 폭력성과 공격성으로 나타난다.

3. 계급에 따른 차별(Classism)

기독교 파시즘은 신성화된 자본주의를 기반으로 한다. 이는 미국의 번영신학이 세속적인 경제체제인 자본주의를 신성한 종교체제로 이해하는 것을 통해 잘 알 수 있다.46) "고통받는 사람들을 이용해 부자가" 되려 하는 번영신학의 추종자들이 선포하는 변질된 복음은 경제적인 약자와 빈자를 죄악시하는데, 바로 이러한 환경 속에서 파시즘의 기제가 효과적으로 작동한다.47) 사실 "성경은 부를 폄훼하지 않지만 권장하지도 않는다."48) 이러한 관점에서 신성화된 자본주의는 일종의 물신숭배(物神崇拜)라고 할 수 있다. 미국의 번영신학에 물든 한국교회는 신성화된 자본주의에 대한 숭배로 인해 현실 자본주의의 모순에 대한 비판을 죄악시하고 악마화한다.

이러한 기제로 인해 신성화된 자본주의 속에서 경제적 계층이나 계급에 따른 차별은 정당화된다. 신성화된 자본주의가 갖는 차별 기제는 인종차별이나 젠더차별과 유사성을 지니지만 정치적 영역에서 제국주의와 연결되어 전 세계적인 영향을 미친다는 측면에서 구별되는 점도 있다.

인종차별주의 속에는 자신의 인종, 성차별주의 속에는 자신의 성
별이 자기 평가와 독선의 근거로서 남용되는 반면, 자본주의 속에
서는 자신의, 대부분 소외된 노동에서 축적된 자본이 남용된다.
노동과 자본은 인종과 성별처럼 제한적이지 않으며, 오히려 근본
적으로 제한이 없는, 즉 제국주의적인 성질인 것이다. […] 자본의
축적과 이윤을 창출하는 투자를 통해 계속해서 권력은 축적되고
단순한 인종차별주의나 성차별주의를 통해서는 아직 발생하지 않
은 것이 발생하게 된다.[49]

자본의 축적은 필연적으로 무제한적인 확장을 촉진하는 자본주
의적 제국주의로 흘러가게 된다. 차별 기제 자체가 계급적인지는
논쟁의 여지가 있지만 계급에 대한 차별을 통해 가장 큰 대가를 치
르는 사람들은 가장 차별받는 계급이다.[50] 어느 사회든지 소수 인
종과 성적 소수자는 사회적 약자로서 존재할 수밖에 없다. 신성화
된 자본주의는 자신의 세계를 건설하기 위해 "공격성"을 방출하고
그 공격성은 자기 정당성에 대한 강박적인 집착으로 인한 두려움에
뿌리를 두고 있다.[51] 그러므로 인종차별주의와 성차별주의가 자본
주의와 결합할 경우 공공의 이익은 사라지고 소수 인종과 성적 소
수자는 가장 피해를 많이 입게 된다.[52] 신성화된 자본주의를 기반
으로 하는 기독교 파시즘은 쉽게 제국주의적 폭력성과 공격성을 표
출하는데, 이를 적절하게 제어하지 못할 때, 결국 계급에 따른 차별
은 인종차별과 성(혹은 젠더)차별을 전 세계적으로 강화하는 결과
를 낳게 된다.

Ⅳ. 나오는 말

찰스 킴볼(Charles Kimball)은 종교의 타락에 대해 다음과 같이 서술한다. "종교를 믿는 사람이 하나님을 사랑하는 마음이나 신자로서 반드시 지켜야 하는 의무에 대해 뭐라고 말하든, 그것이 이웃에게 고통을 준다면 그 종교는 이미 타락해 개혁이 절실히 필요하다고 확신해도 된다."53) 하나님의 나라는 권력을 통한 억압이 아닌 섬김(diakonia)을 통해, 타자에 대한 차별이 아닌 이웃에 대한 사랑을 통해 완성되어 간다. 하나님 나라는 '단일한' 혹은 '특정한' 정치체제가 아니다. 그럼에도 불구하고 왜곡된 현실의 정치체제를 바꾸는 변혁적 힘을 가지고 있는 이유는 바로 하나님의 나라가 현실속에서 현재보다 더 나은, 그리고 더욱 인간적인 공동체를 지향하기 때문이다. 그러므로 이러한 하나님의 나라 속에 차별 기제는 들어올 자리가 없다. 이에 반해 파시즘은 차별 기제가 없이는 작동하지 않으며, 국수주의적이며 독재적인 가치가 인간에 대한 존중과 인간다움에 대한 가치보다 우위에 있다.

오늘날 극우적인 기독교 정치운동을 주도하는 이들은 한국교회 몰락의 원인을 이민자와 성소수자 그리고 소외계층 같은 이들에게 돌리고 이들에 대한 차별을 종교적으로 정당화함으로써 폭력성과 공격성을 표출하고 있다. 한국교회의 몰락은 외부의 적이 아니라 내적 부패에 기인하고 있음에도 불구하고 극우적인 기독교 정치운동을 주도하는 이들은 문제의 원인에 대한 깊이 있는 성찰을 외면하고 있다. 이러한 현실들은 건강한 그리스도인의 정치적 참여라기보다는 초기 기독교 파시즘에 병든 증세들이다. 한국교회 내 사회적 약자와 소수자에 대한 차별 기제를 간과해서는 안 되는 이유가 바로 여기에 있다.

한국교회가 지금이라도 처절하게 스스로 반성하고 기독교 파시즘에 맞서지 않는다면 한국교회의 몰락은 우려가 아니라 현실이 될 것이다. 파시즘은 어느 날 갑자기 등장하지 않는다. 타자를 배려하며 양심의 자유에 대해 고민하는 이들이 배타적인 사회적 흐름 앞에서도 아무런 행동을 하지 않고 그저 침묵하고 외면할 때, 극단적인 차별 기제가 작동하게 되고 민주주의는 무너지는 것이다.[54] 오늘날 한국의 기독교 근본주의자들은 선지자적 역할을 망각한 채 극우적인 정치권력과 결탁하여 국수주의적 프로파간다에 집중하고 있다. 하나님 나라의 가치를 추구하는 그리스도인이라면 이러한 현실에 대해 마땅히 비판해야 한다. 이웃 사랑과 섬김이 없는 기독교 정치운동은 사회적 약자와 소수자를 차별함으로써 권력을 쟁취하려는 기독교 파시스트 운동일 뿐이다. 이웃에 대한 섬김은 사적 영역뿐 아니라 정치적 영역에서도 반드시 실천되어야 할 기독교의 가치이다.

미주

1) 본 글은 2019년 11월 2일 한국기독교학회 조직신학분과 자유주제발표에서 "종교적 전체주의에 대한 신학적 비판: 그리스도인의 정치 참여와 정치적 디아코니아의 상관관계를 중심으로"라는 제목으로 발표한 본인의 논문을 차별의 기제에 대한 비판을 중심으로 전반적으로 수정한 것이다.

2) 에리히 프롬, 『정신분석과 종교』 (서울: 청하, 1985), 52.

3) Dorothee Sölle, *Creative Disobedience* (Eugenet: The Pilgrim Press, 1995), xv.

4) 앙리 미셸/유기성 옮김, 『세계의 파시즘』 (서울: 도서출판 청사, 1979), 13.

5) Jürgen Moltmann, "Der Befreiung der Unterdrücker", *Ev.Th.* 38(1978), 533.

6) 미셸, 『세계의 파시즘』, 16, 189.

7) Kevin Passmore, *Fascism. A Very Short Introduction* (New York: Oxford University Press, 2014), 97. 네오-파시즘과 후기-파시즘 사이에 근본적인 개념의 차이가 있는 것은 아니다.

8) 버트럼 그로스/김승진 옮김, 『친절한 파시즘』 (서울: 현암사, 2018), 10. 버트럼 그로스는 제2차 세계대전 이후의 민주주의 체제 내에서의 극단적인 차별의 기제를 "친절한 파시즘"(friendly fascism)으로 구분한다. 이 경우에도 "친절한 파시즘"이 지칭하는 사회적 현상이나 운동이 "네오-파시즘"이 지칭하는 현상이나 운동과 다른 것이라고 보기는 어렵다.

9) Passmore, *Fascism*, 10.

10) 데이비슨 뢰어/정연복 옮김, 『아메리카, 파시즘 그리고 하느님』 (서울: 샨티, 2007), 146.

11) 앞의 책, 145.

12) 미셸, 『세계의 파시즘』, 16-18.

13) Leonard Schapiro, *Totalitarianism* (London: Macmillian, 1972), 13-14. 전체주의라는 말은 1923년 이탈리아의 자유주의자 아멘돌라(Giovanni Amendola)에 의해 가장 먼저 사용되었다. 그는 파시스트들의 선거법 개악을 지켜보면서 이 악법이 '전체주의 정신'에 의해 제정되었다고 비난하면서 이 용어를 사용하였다. 그런데 파시스트들은 비난을 오히려 칭찬으로 받아들여 전체주의라는 말을 '새로운 정치'와 동의어로 간주했다. 장문석, 『파시즘』 (서울: 책세상, 2010), 87.

14) Stanislav Andreski, "Is Totalitarianism a Meaningful Concept?" in *Totalitarianism: Temporary Madness or Permanent Danger*, ed. Paul T. Mason (Lexington: D. C. Heath and Company, 1967), 31.

15) 셸던 월린/우석영 옮김, 『이것을 민주주의라고 말할 수 있을까?: 관리되는 민주주의와 전도된 전체주의의 유령』 (서울: 후마니타스, 2013), 88.

16) 미셸, 『세계의 파시즘』, 19-20.

17) 슬라보예 지젝/한보희 옮김, 『전체주의가 어쨌다구?』 (서울: 새물결, 2008), 11-20.

18) 움베르토 에코/김운찬 옮김, 『신문이 살아남는 방법』 (파주: 열린책들, 2009), 87.

19) Hannah Arendt, *The Origins of Totalitarianism* (New York: A Harvest Book, 1973), xxviii.

20) 에코, 『신문이 살아남는 방법』(2009), 98.

21) 미로슬라브 볼프, 『광장에 선 기독교』 (서울: IVP, 2014), 13.

22) 크리스 헤지스/정연복 옮김, 『지상의 위험한 천국: 미국을 좀먹는 기독교 파시즘의 실체』(고양: 개마고원, 2012), 27.

23) 장문석, 『파시즘』, 63.

24) 경제학자 로렌스 데니스(Lawrence Dennis)는 1936년 그의 저서 『도래하는 미국의 파시즘(The Coming American Fascism)』에서, "자유주의적 법률 규범이나 개인적 권리들에 대한 헌법 차원

의 보장"이야말로 경제적 파시즘이 발전하는 데 커다란 장애물이라고 주장하였다. 뢰어, 『아메리카, 파시즘 그리고 하느님』, 146.

25) 미셸, 『세계의 파시즘』, 22.

26) 볼프, 『광장에 선 기독교』, 13-14.

27) Carl J. Friedrich and Zbigniew K. Brzezinski, *Totalitarian Dictatorship and Autocracy* (New York: Praeger, 1965), 10-11.

28) 에코, 『신문이 살아남는 방법』, 99를 참조하라.

29) 볼프, 『광장에 선 기독교』, 13.

30) 에코, 『신문이 살아남는 방법』, 98-100.

31) 앞의 책, 101-102.

32) 뢰어, 『아메리카, 파시즘 그리고 하느님』, 86.

33) Tom Driver, *Christ in a Changing World: Toward an Ethical Christology* (New York: Crossroad, 1981), 3.

34) Dorothee Sölle, "Christofaschismus", in *Das Fenster der Verwundbarkeit* (Stuttgart: Kreuz Verlag, 1987), 158.

35) Tom Driver, *Christ in a Changing World: Toward an Ethical Christology* (New York: Crossroad, 1981), 3.

36) 에코, 『신문이 살아남는 방법』(2009), 102-103.

37) Moltmann, "Die Befreiung der Unterdrücker", 528.

38) 켄 올렌데, "인종차별과 이민자 규제", 『계급, 소외, 차별』 (서울: 책갈피, 2017), 223.

39) Moltmann, "Die Befreiung der Unterdrücker", 528.

40) Ibid., 529.

41) 뢰어, 『아메리카, 파시즘 그리고 하느님』, 86.

42) Moltmann, "Die Befreiung der Unterdrücker", 529-530.

43) Ibid., 530

44) 실라 맥그리거, "여성 차별", 『계급, 소외, 차별』 (서울: 책갈피, 2017), 134.

45) Moltmann, "Die Befreiung der Unterdrücker", 530.

46) 헤지스, 『지상의 위험한 천국』, 194-195.

47) 앞의 책, 260-261.

48) 행크 해네그래프/김성웅 옮김, 『바벨탑에 갇힌 복음』 (서울: 새물결플러스, 2010), 330.

49) Moltmann, "Die Befreiung der Unterdrücker", 531.

50) 에비 바칸, "마르크스주의 차별론", 『계급, 소외, 차별』 (서울: 책갈피, 2017), 93.

51) Moltmann, "Die Befreiung der Unterdrücker", 532.

52) Ibid., 531.

53) 찰스 킴볼/김승욱 옮김, 『종교가 사악해질 때』 (서울: 에코리브르, 2005), 63.

54) 뢰어, 『아메리카, 파시즘 그리고 하느님』, 231.

2장. 남녀차별 없는 교회 직분을 희망한다!

강호숙(총신대학교 철학박사, 교회여성리더십 전공)

I. 들어가는 말[55]

1981년 UN에서 발효된 '여성차별에 관한 협약'(CEDAW)은 여성차별을 인권침해의 대표적 행위로서 규정한 여성의 권리장전이며, 여성 지위 보호를 위해 체결된 협약 중 가장 중요한 협약이다. 1967년에 채택한 '여성차별 철폐선언'이 유엔총회에서 만장일치로 채택된 것과는 달리, 여성차별에 관한 협약은 가입국의 의무조항과 법적 구속력이 부여되어 본격적인 여성차별 철폐입법이 이루어지는 계기가 되었다.[56] 우리나라 국가인권위원회는 "성차별이란 합리적 이유 없이 성별을 이유로 발생하는 모든 구별, 배제, 제한, 폭력을 의미하며, 고정된 성역할 관념에 근거한 차별도 금지의 대상이 된다"라고 결정하였다.[57] 이처럼 현대사회로 접어들수록 국내외적으로 여성의 인권과 성차별의 중요성은 점점 부각되고 있다. 그뿐만이 아니다. 현대사회의 정치와 법에서는 '여성 인적 자원의 분배', '대표 참여의 평등'을 의미하는 젠더 정의(gender justice) 개념이 부상하고 있다. 젠더 정의를 정교한 이론으로 제시한 낸시 프레이저(Nancy Fraser)는 『분배냐, 인정이냐?』라는 책에서, 정의의 근본 문제들을 해결하기 위해선 사회적 인정, 동등한 참여의 대표권의 문제를 도외시해서는 안 된다고 강조하였다.[58] 최근 남성 대 여성의 50 대 50의 대표성을 구성하려는 '남녀 동수법'이 선출직 공직과 정부 내각, 그리고 세계교회협의나 아시아교회협의에서도 권장되는 추세이다.[59] 그런데 대부분의 보수 교단의 교회 직분은 남성은 '항존직'(일명 정규직), 여성은 '임시직'(일명 비정규직)으로 직분을 성차별하고 있는 실정에 있다. 예수 그리스도를 믿는 모두가 하나님 나라에서 평등하다고 가르치는 교회에서 직분을 성차별하고 있다는 것은 이율배반적이며 시대착오적이다.

이에 본 글은 교회 직분에서의 성차별과 불평등에 대해 문제를 제기하고자 한다. 한국개신교는 종교개혁 시대의 '만인제사장설'을 기반으로 한다. 성직자 중심주의에서 벗어나 '만인제사장'을 외쳤던 종교개혁은 하나님의 형상을 입은 모든 사람은 평등한 제사장이 될 수 있다는 가치 추구에 근거하여 인간 본연의 존엄과 가치를 되살린 '인간성 회복운동'이었다. 레슬리 뉴비긴(Lesslie Newbigin)은 인간은 창조주에게 영광을 돌리는 대표자로서 제사장적 직분을 갖고 있으며, 교회 역시 왕 같은 제사장으로 부름 받았다는 견고한 전제 위에서, 안수 받은(ordained) 남녀 사역자들은 하나님 백성들의 제사장적 역할을 북돋워 주며 유지하기 위해 세움을 입었다고 하였다.[60] 그런데 한국개신교의 교회 직분은 지나치게 남성이 대표직을 갖는 구조로 강화되어 젠더 불공정과 젠더 불균형을 야기하고 있다. 메리 위스너-행크스(Merry E. Wiesner-Hanks)에 따르면, 기독교 내에서 성별에 따라 위치를 결정하는 직분의 제도화 과정을 살펴보면 지금까지 교회가 남성 중심적 성직주의와 직분 제도를 체계화하여 성역할을 통제해 왔다는 것을 알 수 있다.[61] '남성 안수', '남성 목사'라는 말은 없는데, '여성 안수', '여성 목사'라는 말이 신학적 의제가 되어 왔다는 것은 남성 중심의 직제 아래, 성경적, 신학적 담론의 주도권이 행사되어왔음을 입증하는 말이기도 하다.

그런데 '여성 안수'가 이루어졌다 해서 남녀평등이 이루어진 건 아니다. 예를 들어, '여성 안수'가 이뤄진 지 25년이 지난 예장통합 교단을 보면, 여성 총대는 1.7%에 불과하고(2019, 한국교회여성연합회 자료), 여성 목사들은 여전히 남성 목사들의 보조적인 역할이나 '주변 리더십'에 머물러 있고, 사례비와 처우 문제 등에서 성차별을 경험하고 있다(기독공보 제3136호). 이에 필자는 교회 직분에 있어서 남녀평등의 실현을 위해서는 여성 중심의 성경 읽기를 통한 여성의 주체성과 직분의 대표성, 그리고 성경적 페미니즘에 대한 올바른 교육이 필요하다고 본다. 그러므로 본 글에서는 여성의 주체성을 위한 성경적 페미니즘(biblical feminism)의 필요성과 교회 직분에서의 여성의 대표성을 강조하고자 한다. 이를 위해 우선, 한국교회 내 여성차별의 현주소와 원인, 성경적 페미니즘의 의미와 과제, 그리스도의 복음에 나타난 여성의 주체성과 대표성의 의미를 간단히 살핀 후, 남녀에게 평등한 교회 직분이 무엇인지 제안해 보고자 한다.

II. 가부장제(Patriarchy)에 의한 교회 직분에서 여성 차별의 현주소와 원인

1. 교회 직분에서 여성차별의 현주소

19세기 구한말 기독교가 전래되었을 때, 서재필은 "남녀가 평등하게 대우받는 사회를 실현하는 것이 부국강민(富國强民)의 한 요인이 된다"고 하면서, 여성교육을 통해 남녀평등에 대한 성경적 진리를 실천함으로써 시대를 선도하였다.62) 하지만 해방 후, 남성만이 성직을 취해야 한다는 가부장적 신학담론으로 인해 한국교회의 남녀평등 사상은 일반 사회보다 뒤떨어지게 되었다. 현재 여성 안수를 거부하고 있는 교단은 대한예수교장로회 합동, 합신, 고신 교단이다. 특히 대한예수교장로회 합동 교단은 '여성 안수'를 주지 않음으로써 직위에 따른 성차별이 가장 심하게 나타난다. 여성은 교회 직분에서 모두 '임시직'이기 때문에, 현재까지 당회, 노회, 총회는 '금녀의 공간'이 되고 있다. 교단신학교에서는 여성이 남성과 똑같이 신학대학원에서 공부하여 졸업하고 석·박사 학위를 취득함에도 불구하고, 목사나 교수가 될 수 없도록 제한하고 있다. 교회 내에서 여성들이 하는 일은 봉사(청소, 안내, 식당), 성가대, 꽃꽂이, 연합회 활동, 교회학교 교사에 국한된다. 또한 여교역자들의 사역 영역은 주로 심방과 영유아부, 유초등부로 쏠려 있다. 가부장제에 의한 성차별적인 교회 직분의 현주소를 구체적으로 살펴보면, 첫째, 가부장적 성경 해석은 성경 속에 등장하는 남성 인물의 행적에 대해선 '특별계시'라는 신적 권위를 부여하는 반면에, 여성 인물의 행적은 '현모양처'나 '순종하는 존재'로 획일화시키고 있다는 점이다.

이러한 남성 중심적 성경 해석은 여성들의 실존적인 필요와 경험을 외면한 채, 복음적 불통과 젠더 불공정을 야기하고 있다. 둘째, 설교와 교육, 예배와 상담, 교회 직분과 교회 정치, 교회 헌법 등 남성 중심의 교회 운영과 의사결정조직은 여성의 전문성과 통찰을 무시하며 불공정한 직위와 차별적인 처우를 받아들일 것을 강요한다는 점이다. 셋째, 남성 독점의 교회 직분 제도는 남성 간 위계화와 강자독식의 교회 정치, 성공주의 문화, 성윤리와 젠더 문제에 대해 취약한 교회 구조와 '성범죄 은닉 메커니즘'을 구축한다는 점이다. 넷째, 특히 남성으로만 구성된 합동, 합신, 고신 교단은 당회, 노회, 총회라는 의사결정기관에서 성차별과 성폭력, 저출산과 낙태 등 젠더 이슈에 대한 여성의 입장과 관점을 배제하고 있다는 점이다.

2. 교회 직분의 성차별 원인: 가부장제에 따른 선입견과 편견, 다름에 대한 거부

교회 직분에서 여성을 차별하는 원인은 무엇일까? 김호경은 바울이 기독교 공동체에서 갈등의 연유를 차별과 불평등으로 보았다고 하면서, 결국 차별은 '다름에 대한 거부'라고 지적하였다.63) 피에르 부르디외(Pierre Bourdieu)에 따르면, 차별은 피지배자를 향한 지배자의 관점으로 '차이'를 취할 때 발생한다는 것이다.64) 조효제는 『인권의 지평』에서 "차별은 '모든 인간의 평등한 존엄'이라는 대전제에 어긋나는 기초적 인권침해이다. … 차별의 근본 원인은 편견, 선입견, 고정관념과 같은 심리적 근거가 존재하게 되는데, 이러한 사회심리는 인권침해의 근본적 원인에서 반드시 고려해야 할 뿌리에 해당하는 현상"이라고 하였다.65) 사회심리의 주류 학설에서 말하는 차별의 구체적 원인으로는 첫째, 사회화 과정을 통해 편견, 선입견, 고정관념이 형성되고, 사회화된 편견의 재생산으로 차별적 경향이 굳어진다는 것이다. 둘째, 갈등이론에서는 경제적, 물질적 이해관계가 차별 행위를 정당화시킨다는 것이다. 셋째, 집단 중심적 사고는 자기 집단의 가치와 통념을 구성원에게 주입시켜 집단적 편견을 강화시킨다는 것이다. 넷째, 정치 이데올로기는 자기중심적 이익을 합리화하는 기제로 작동하여, 편견을 고착시키는 사이클을 반복한다는 것이다.66) 이러한 사회심리적인 차별의 원인을 교회 직분의 성차별 원인에 접목하면 다음과 같다.

1) 남성 목회자들의 성차별적 편견과 가부장적 선입견에 의한 설교와 발언

남성 목회자들과 남성 신학자들은 '화자'(speaker)인 반면, 교회 여성들은 '청자'(listener)가 된다. 이처럼 남성 목회자가 주도하는 설교와 발언은 성차별적인 편견과 고정관념을 학습시킨다. 즉, '남성들은 정의로우나 여성들은 변덕스럽다', '남성은 다스려야 하고, 여성은 순종해야 한다'라는 성차이론을 파생시켰다. 교회사를 보면, 남성 교부들과 남성 신학자들의 여성의 성정체성, 성역할과 관련된 성차별적인 설교나 발언이 오늘날 남성 설교자들에게 전통적 여성관인 양 담보해 주는 근거가 되어 왔음을 알 수 있다. 남성 설교자들의 '차별 언어/폭력 언어/배제의 언어'가 여성의 인권과 성평등을 중요하게 여기는 오늘날에도, 아무 거리낌 없이 '성경적'인 설교로 둔갑하고 있다.67)

2) 가부장제와 자본주의의 결합에 의한 여성의 도구화

근세의 산업혁명 후, 남성 엘리트주의와 합리주의는 여성을 '종속된 타자'로 도구화하였다.68) 미국 개신교 역시 성별분업주의라는 토대 위에 자본주의 문화를 적극 받아들이면서, 근대사회에서 재탄생한 가부장제도를 받아들이게 되었다.69) 젠더 정의와 국가 주도 자본주의의 특징을 연구한 낸시 프레이저(Nancy Fraser)는 국가의 일이 자본과 남성 노동력의 만남을 주선하는 것이기에, 가부장제가 계급 관료조직에도 깊숙이 배어 있으므로 젠더차별은 당연한 결과였다고 하였다.70) 한국교회는 현재 이러한 가부장제와 자본주의를 흡수하는 가운데 여성을 무임으로 부리면서도 교회의 재정이 어려워지면, 여성 사역자를 해고 1순위로 놓는 것과 같은 맥락이다.

3) 성차별적 제도를 지지하는 남성 중심의 성경 해석과 교회 담론의 강화

교회사를 보면, 신학과 목회, 설교와 교육을 통해 가부장적 교회 담론을 형성하면서 여성의 성직을 통제, 배제하여왔다. 즉, 성(聖)은 남성의 영역이고, 속(俗)은 여성의 영역으로 나눠 남성만이 교회의 지도권을 취해 온 것이다. 예수 그리스도를 믿음으로 의롭다고 인정받아 모든 믿는 자는 차별이 없음에도 불구하고(롬 3:22), 구약의 정결법(레 12:2-5)을 이용하여 '여성은 부정하다'로 해석하여 여성 성직을 거부하고 있다. 현재 합동, 합신, 고신 교단은 '여성 안수 반대'를 '개혁신학의 보루'로 여기면서, 자신들만이 '성경적'인 것처럼 배타적인 편견을 유지하고 있다.

4) 가부장제에 의한 교회의 성적 메커니즘

가부장제에 의한 교회의 성적 메커니즘은 남성의 잘못을 덮기 위해, 여성을 '유혹자'로 둔갑시킨다. 리자 융(Lisa Jung)은 "교회가 남성의 죄책을 '유혹하는 이브'의 원죄로 돌려 이를 정신적, 신앙적으로 소화시켜, 교회 여성의 성적 권리와 자유를 빼앗아 성의 종속화를 가져온다"는 '성적 메커니즘'(sexual mechanism) 견해를 피력하였다.71) 교회의 성적 메커니즘은 가부장적 의사결정 권력구조와 '금녀'(禁女) 체제를 갖춘 교단일수록, 남성 목회자의 성범죄를 은닉하고자 피해 여성을 '꽃뱀'이나 '이단'으로 만드는 경우가 많다. 교회사에서 성적 메커니즘의 대표적인 사례로서 '마녀사냥'을 꼽을 수 있다. 현대 신학자 한스 큉(Hans Küng)은 약 백만 명가량의 여성들이 심문과 화형으로 죽게 된 데에는 가부장제와 여성 혐오라는 이데올로기가 교회 구조와 제도로 취해졌기 때문이라고 비판하였다.72) 교회의 성적 메커니즘의 또 다른 실례는 중세의 '마리아 숭배사상'이다. 오이겐 드레버만(Eugen Drewermann)은 "수천의 소교구 성직자들에게 금욕을 선포하고, 결혼에서의 성적 쾌락을 자녀 생산으로 대치해 버린 성직자 계급구조는 마리아를 독신 남성 성직자에게 친밀감과 친절, 여성성과 모성을 경험하게 하는 하나의 '영적 방식'의 보상 인물로 착안한 것"이라고 하였다.73) 이는 신적인 권위를 가진 독신 남성 성직자를 높이기 위해 마리아의 여성성과 모성성을 신성화했음을 볼 수 있다. 이처럼 가부장제에 의한 교회의 성적 메커니즘은 중세교회가 독신 남성 성직자를 위해 여성성을 이용했다고 한다면, 한국개신교는 중세의 '마리아 숭배사상'에 대한 적대감을 빌미 삼아 여성을 성적으로 종속시키고 있다.

Ⅲ. 성경적 페미니즘(Biblical Feminism)의 필요성

1. 성경적 페미니즘의 개념: 주체성과 대표성을 지닌 인식론적 관점의 여성의 성경 읽기

교회 여성들은 오랫동안 남성에 의한, 남성을 위한 성경 해석과 교회 담론으로 학습 받아 왔기에, 여성들은 자신의 정체성과 역할에 주체적이지 못했을 뿐만 아니라, 자신의 역사가 부정당하며 차별과 배제를 당하고 있다는 사실조차 인지하지 못하였다. 설상가상, 가부장적인 편견과 선입견을 지닌 남성 목회자들은 여성을 비하하는 발언이나 성희롱적인 설교를 하면서도, 정작 자신들이 여성을 차별하고 있다고 생각하지 않는다. 현재 교회 여성 대부분은 남성 목회자에게 의존하는 신앙을 갖고 있다. 이에 필자는 성경적 페미니즘에서 답을 찾아야 하리라고 본다. 왜냐하면 여성 스스로가 여성의 정체성과 역할에 대해 말할 수 있을 때, 비로소 자기 삶의 주인이 되는 것인데, 성경적 페미니즘이 없이는, 여성이 주체성을 갖거나 성차별을 인지하기 어렵다고 보기 때문이다. 성경적 페미니즘은 '성경의 무오성'을 믿는 보수 교단 내 페미니즘에 대한 오해를 불식시키고, 여성을 좀 더 이해할 수 있는 가장 쉬운 접촉점이 될 수 있다. 여성도 자신을 성찰하고 알아 가는 시간이 필요하며, 하나님과의 관계와 인간관계, 피조세계의 관계를 살피고 규정할 필요가 있다.

이에 '성경적 페미니즘'은 페미니즘에 담겨 있는 '여성됨'에 대한 여성 스스로의 질문이 곧 '인간됨'이라는 인식을 바탕으로, "성경을 통해 여성의 정체성과 여성의 역할을 기독 여성 스스로 규정하려는 이념"이라고 정의할 수 있겠다. 다시 말해, 성경적 페미니즘은 여성의 성경 읽기를 통한 여성의 하나님 찾기와 여성의 정체성과 역할을 찾는 방향타요, 교회의 가부장제를 비판하는 리트머스 시험지요, 남녀평등과 젠더 정의, 종국엔 하나님 형상 회복, 즉 인간성 실현을 위한 인식론적 혁명이라고 할 수 있다.

그런데 필자가 기존의 '기독교 페미니즘' 대신에 '성경적 페미니즘'이라는 용어를 사용하는 이유는 크게 두 가지다. 첫째는 현재 복음주의와 보수기독교는 페미니즘을 "신학계와 교회를 무너뜨리는 불온하고 위험한 이념"으로 오해하고 있어서다. 원래 '성경적 페미니즘'(biblical feminism)이라는 용어는 복음주의 학자 존 스토트(John Stott)가 엘레인 스토키의 『페미니즘의 옳은 점(*What's Right with Feminism*)』이라는 책을 소개하면서, 성경적 페미니즘의 기원을 종교개혁으로 보며 신학적 토대를 규정한 바 있다.74) 복음주의 안에서 말하는 성경적 페미니즘은 성경무오를 인정하는 성경관을 바탕으로, 하나님의 형상을 입은 남녀의 동등성과 그리스도 복음의 일꾼이라는 전제 아래, 페미니즘이 지닌 주체성이라는 기본 성격과의 만남이다. 따라서 종교개혁의 '만인제사장설'에 담긴 '만인'에 대한 현대적인 해석으로, 남녀평등과 인간 존엄의 시대적 흐름에 맞게, 여성의 대표성을 인정해야 할 시대적 요청이 있다. 둘째는, 한국의 보수 교회에서는 진보적인 여성 신학자들에 의해 촉발된 여성 안수와 기독교 페미니즘이 성경의 권위를 훼손하는 것으로 오해되고 있어서, 보수 교단에 속한 여성 신학자로서 '성경적 페미니즘'을 언급하는 게 접근성이 용이하다고 판단해서다.

성경(text)과 페미니즘(context)의 만남의 방식은 '여성주의 인식론'(feminist epistemology)이라는 관점을 차용한다. 여성주의 인식론적이란 여성의 경험과 입장을 탐구해 가려는 여성주의적 관점이다. 이상화에 의하면, 여성주의 인식론의 출발은 '여성'이라는 보편적인 주체나 대상을 상정해서가 아니라, 왜 억압[차별]에 저항해야 하는가라는 물음에서 나오는 것으로서, 자유, 평등, 정의, 자기결정권과 같은 [주체적] 가치이념을 승인하는 입장에 서 있기 때문이라고 하였다.[75] 성경적 페미니즘에 접목하는 여성주의 인식론의 물음은 첫째, '누가 아는가?'(who)라는 인식주체에 관한 물음으로서, 성경을 읽는 주체가 '여성'이라는 것이며, 둘째, '무엇을 아는가?'(what)라는 인식대상에 관한 물음으로서, 하나님과 여성, 그리스도 복음과 여성, 교회와 여성을 읽어 내는 '또 다른' 인식론적 관점으로서 여성의 입장과 경험에 기초한 물음이며, 셋째, '인식주체가 인식대상을 어떻게 아는가?'(how)로서, 인식의 원천과 권위가 여성에게 주어진다는 대표 결정권자로서의 물음이다.

2. 성경적 페미니즘의 필요성과 과제

성경은 슬로브핫의 딸들과 훌다 선지자, 메시야의 나라를 예언한 한나, 예수의 족보에 오른 여성들(다말, 라합, 룻, 우리야의 아내), 예수의 탄생부터 오순절 성령 강림까지 복음의 증인이 되었던 예수의 어머니 마리아, 이 외에도 뵈뵈 집사, 루디아와 다비다 제자, 브리스길라, 유니아 사도 등 수많은 여성들은 시대의 편견과 한계에 매이지 않은 주체적인 믿음을 지닌 여성들이었음을 증언한다. 따라서 성경적 페미니즘의 필요성과 과제는 첫째, 여성이 주체가 되어 성경을 읽고 해석함으로써 여성의 독특성과 정체성이 드러나도록 해야 한다. 성경에 나오는 여성 인물들에 대한 재해석과 가부장적 성경 해석을 의심하고 재평가함으로써, 성평등과 인권의 중요성을 교육받는 젊은 세대들에게 신앙적 모델을 제시해야 할 필요가 있다. 둘째, 기독 신앙과 성의 상관성, 성윤리, 젠더 문제들을 풀기 위해서다. 지금까지 가부장 교회는 여성의 입장과 관심에 무관심한 채, 젠더 정체성과 젠더 문제를 사소하거나 부차적인 문제로 여기면서, 인간의 고통과 억울함, 불의와 차별에 대한 인권 감수성과 젠더 감수성에 둔감하였다. 그러므로 하나님이 성을 만드신 목적과 이유, 결혼과 이혼, 성폭력과 강간, 낙태와 인공수정, 출산과 양육 등 젠더 이슈와 생명윤리, 그리고 성 문제에 대한 논의에서 여성 신학자들의 경험과 관점이 필히 반영되어야 한다. 셋째, 성경적 페미니즘은 궁극적으로 인간성 실현을 목표로 하기 때문에 인간성 회복과 유기적 교회공동체, 그리고 남녀 파트너십과 관련한 페미니즘 신학의 물음과 도전이 요구된다.

Ⅳ. 그리스도 복음에 나타난 여성의 주체성과 대표성의 의미 엿보기

그리스도 복음에 나타난 여성의 주체성과 대표성의 의미를 해석하기 위해서는 유대사회 당시, 여성의 사회문화적 위치를 살펴봐야 한다. 이는 예수께서는 여성들을 제자 그룹에 포함시킴으로써, 문화적인 규범으로부터 두드러지게 이탈하신 모습을 보이셨기 때문이다.76) 유대사회 당시 여성이란 기껏해야 '짐'과 같은 존재로 여겨지는 경우가 많았기에, '자매를 버리는 것'은 당연한 일이었다. 하지만 예수님은 자매를 버리는 것이 부모나 자녀와 집을 버리는 것과 동일한 것으로 생각할 만큼 여성을 존중하며 환대해 주셨다.[77] 정승우는 엄격한 유대 가부장사회에서 예수가 사용한 언어, 즉 신랑을 기다리는 처녀, 잔치, 맷돌, 누룩, 식탁, 옷 깁기, 물동이 등이 유대인 남성의 입에서 나왔다는 건 매우 특기할 만한 일로서, 예수가 유대사회 여성들의 곤궁한 삶을 연민으로 바라보셨음을 의미한다고 하였다.[78] 아울러 예수의 몸에 향유를 부은 마리아의 행위를 '기념하여', 그리스도의 복음 전파와 함께 전해질 것이라는 선언을 한 것(마 26:6-13) 역시 여성에게만 부여된 독보적인 복음이다. 본 글에서는 예수께서 가부장 유대사회에서 인격적인 주체로 인정했던 사마리아 여자와 부활의 첫 증인으로서 사도들을 대표하는 전달자로 세운 막달라 마리아 이야기를 통해 성경적 페미니즘의 성경 읽기의 예시를 제공하고자 한다.

1. 인격적 주체성을 인정받은 사마리아 여자(요 4:1-30)

신약시대의 유대사회에서 예수께서 사마리아 여자와 만나기 위해선 적어도 세 가지 정도의 질서를 깨야만 했다. 즉, 사마리아인과 상종하지 않는 '유대민족 질서', 집 밖에서 여자와의 대화를 금한 '랍비전통의 질서', 여성을 열등하게 본 '가부장의 질서'를 깨면서까지 만난 사건이라는 것이다. 예수는 그 당시 종교지도자들의 긍휼 없는 정죄와 심판과는 달리, 종교적으로 열등하고 열외적인 위치에 있는 사마리아 여자에게 동정과 연민으로 다가가서 '하나님의 선물', 즉 '현실적 구원'을 보여 주었다(10절). 또한, 예수가 사마리아 여자의 질문을 허용하면서 예배, 메시아, 생수와 같은 신학적인 대화를 하셨다는 것은 '하나님의 형상'으로서 예수 믿음에 있어 맹신하지 않고, 의심과 질문을 통한 인격적인 믿음의 주체성을 인정해 준 복음이라는 걸 보여 준다. 또한 제자들이 예수께서 사마리아 여자와 대화하는 모습을 보고, "여자와 말씀하시는 것을 이상히 여겼으나"(27절)라고 했는데, 이때 사용된 '타우마조'라는 헬라어 동사는 '기이히 여기다', '깜짝 놀라다'의 뜻을 지닌 단어로서 주로 신적 권위를 감지한 제자들이 예수께서 초자연적인 기적을 베풀 때나 하나님의 '신의 출현'(theophany)을 나타낼 때 보였던 반응이다.[79] 이처럼 가부장 유대사회에서 사마리아인 여성을 만나서 대화한 일은 가부장적 고정관념과 통념을 초월한 하나님과의 독특한 만남 사건이요, 여성을 인격적 주체로 인정한 혁신적인 복음이라고 할 수 있다.

2. 예수 부활의 첫 증인이요, 사도들을 대표하는 전달자로서 세움 받은 막달라 마리아(요 20:1-18)

한스 큉(Hans Küng)은 초기 기독교 역사 편찬은 오랫동안 역사의 주체자라는 입장에서 여성 문제를 간과해 왔다고 하면서, "여성들은 기독교 역사의 실종자들이다. … 초기 유대기독교 공동체에서 예수와 가까운 범주에 있었던 인물 가운데 가장 탁월했던 여성인 막달라 마리아의 역할을 제한시켰다."라고 지적하였다.[80] 엘리자베스 쉬슬러 피오렌자(Elisabeth Schüssler Fiorenza)는 부활한 예수의 첫 증인이자 증거자가 되는 이중적 의미로서 막달라 마리아의 사도성(사도 중의 사도)을 주장한다.[81] 이처럼 그 당시에 법적으로, 종교적으로 증인의 효력이 없었던 여성을 부활 사건의 첫 증인과 사도의 전달자로 세웠다는 것은 예수 그리스도의 부활로 시작되는 하나님 나라 복음의 전파자로서 여성 증인의 대표성을 인정하고 확정한 사건으로 보기에 충분하다. 특히, 예수께서 유대 가부장사회에서 열두 사도를 모두 남성으로 세웠다 하더라도, 십자가의 증인이 된 막달라 마리아를 부활의 첫 증인으로 세웠다는 것은 여성 제자로서의 '독보적' 증언임을 드러낸 복음이라 할 수 있다. 이런 까닭에 남성 제자들이 직접적인 증인이 되지 못한 예수의 십자가와 부활을 다루는 본문을 해석할 때는 최초 증인이 '여성'이라는 것과 예수의 십자가 현장에서 희롱과 모욕, 침 뱉음과 채찍질, 그리고 십자가 처형을 직접 목격한 '막달라 마리아'의 "내가 주를 보았다." (요 20:18)라는 독보적인 부활 증언에 우선권이 있음에 주목할 필요가 있다. 또한, 예수 부활의 최초 목격자인 막달라 마리아의 증언에 따라 신앙과 불신앙이 가려지며(막 16:9-14), 이 부활 복음을 토대로 교회의 설립이 촉진되었다는 것에서 여성 증인의 '대표성 인정'이라는 매우 중요한 근거를 찾게 된다.

V. 나가는 글: 남녀차별 없는 교회 직분을 꿈꾼다!

한국교회 내 여성의 주체성과 대표성을 배제한 남성 중심의 교회 직분은 항존직과 원로우대라는 남녀 위계적인 직분 제도를 고수하면서, 여성의 의견이 교회 정책에 반영되기 어려운 목회환경을 양산하고 있다. 또한, 당회, 노회, 총회라는 교회 정치는 남성 목회자의 부패와 성적 타락을 은닉하기 쉬운 구조가 되어 버렸다.[82] 김현경은 『사람, 장소, 환대』라는 책에서, 환대란 사람에게 자리를 주는 행위라고 하면서, "장소 박탈은 곧 인격 박탈"이라고 하였다.83) 가부장적 교회 직분의 심각성은 단지 여성에게 '대표성'의 자리를 박탈하는 것뿐만 아니라, 남성 권위주의에 의한 힘의 불균형, 젠더 감수성의 결핍, 여성의 존재의미 박탈, 여성의 정체성 부정으로 인간성 상실을 야기하게 된다는 데에 있다. 만일 교회가 모든 사람을 위한 교회가 되어야 한다면, 여성도 남성과 똑같이 교회의 대표가 되어야 한다. 또한, 교회는 현대사회의 다양성과 급진성 가운데 인간관계와 사회학, 커뮤니케이션 이론과 함께 인간과 사회를 포괄하는 역동적이며 실천적인 해석자로서의 책임을 지녀야 할 것이다.

한국교회가 남녀평등을 위한 교회의 직분 제도를 바꾸기 위해 긴급히 해야 할 일은 성경적 페미니즘의 필요성을 인지하고, 교회 직분에서 여성의 주체성과 대표성을 인정해 주는 일이다. 이는 남성과 여성은 '하나님의 가족'이라는 관점에서 유기적 통일성을 이루며 동일한 왕적 지도권을 갖는 동반자로서의 상호 교제를 통해, 피조세계와 인간을 돌보고 섬기는 전인적인 파트너이기 때문이다. 교회의 안녕(安寧)은 '남성됨'이 아니라, '인간됨'이다. 남성은 남성대로, 여성은 여성대로 각자의 독특함과 리더십을 인정하고, 협력하면서 연합할 때, 평화와 진정한 인간성을 맛보게 될 것이라 믿는다. 마지막으로 남녀 평등한 교회 직분을 위한 세 가지 실천 대안을 제시하고자 한다. 첫째, 성경적 페미니즘을 통해 여성 이해의 전초를 마련하고, 여성 목사와 여성 총대 할당제를 실시하며, 남녀 평등한 직분과 처우가 마련되도록 해야 한다. 또, 기존에 남성 중심의 의사결정구조와 원로대우의 계급적 직분 제도, 즉 항존직과 선거제도를 탈피하여, 세대별 남녀 비율에 맞는 임기제 대표선거제로서 교회 직분과 교회 정치의 전환을 도모해야 한다. 둘째, 신학교에 여성 교수 채용 및 성경적 페미니즘, 여성 목회론, 기독신앙과 성윤리, 여성과 교회 정치, 종교개혁과 여성 리더십, 남녀 파트너십 교역 등 교육과목을 개설해야 한다. 셋째, 여성 인재 발굴과 여성 리더십 역량 강화와 더불어 여성 설교자, 여성 당회장, 여성 노회장, 여성 총회장을 배출하여, 교회 직분에서 젠더 정의와 남녀평등이 이뤄지도록 교단 차원의 제도적 지원이 마련되어야 할 것이다. 한국개신교에서 남녀 평등한 교회 직분이 하루속히 실현되길 희망한다.

미주

55) 본 글은 필자의 책 『성경적 페미니즘과 여성리더십』(서울: 새물결플러스, 2020)과 한국연구재단의 지원으로 연구한 "개혁교회 내 성차별적 설교에 대한 여성신학적 고찰: 성차별적 설교의 정의와 기준 마련 및 복음적 설교에 대한 여성신학적 접근", 『한국기독교신학논총』 102(2016): 301-326, "교회리더의 성(聖)과 성(性)에 관한 연구: 성의 사각지대를 형성하는 교회 메커니즘 문제에 대한 실천신학적 분석", 『복음과 실천신학』 47(2018): 9-43을 참고하였음을 밝혀 둔다.

56) 윤상민, "형사법의 여성차별 극복", 『중앙법학』 13/1(2011), 87-119.

57) 김엘림, 『성차별관련 판례와 결정례 연구』(서울: 에피스테메, 2013), 4-29.

58) 낸시 프레이저, 악셀 호네트/김원식, 문성훈 옮김, 『분배냐, 인정이냐?: 정치철학적 논쟁』(서울: 사월의 책, 2014), 44-54.

59) 임희숙, "한국 사회와 교회에서 여성현실과 젠더 정의", 『신학과 사회』 29(2015): 77-110. 특히 85.

60) Lesslie Newbigin, "Ministry and Laity", NCCR 85 (1965): 480을 박영호, "만인제사장론과 선교적 교회: 베드로전서 2장 9절의 해석을 중심으로", 『선교와 신학』 43(2017): 175-210에서 재인용.

61) Merry E. Wiesner-Hanks, "Beyond Women and the Family: Towards a Gender Analysis of the Reformation", Sixteenth Century Journal 18(1987): 109-131을 오제홍, "종교개혁 직분 제도와 여성의 사회적/종교적 위치", 『성폭력, 성경, 한국교회』(서울: 기독교문서선교회, 2019), 290-291에서 재인용.

62) 김한옥, 『기독교 사회봉사의 역사와 신학』(서울: 실천신학연구소, 2004), 398.

63) 김호경, 『바울: 차별과 불평등의 장벽을 넘어서』(파주: 살림출판사, 2013), 91-92.

64) 피에르 부르디외/김용숙 옮김, 『남성지배』(서울: 동문선 현대신서, 1998), 90.

65) 조효제, 『인권의 지평』(서울: 후마니타스, 2016), 245-246.

66) 앞의 책, 246-247.

67) 강호숙, "개혁교회 내 성차별적 설교에 대한 여성신학적 고찰", 『한국기독교신학논총』 102(2016): 301-326을 참조하라.

68) 폴 투르니에/홍병룡 옮김, 『여성, 그대의 사명을』(서울: IVP, 1991), 171-179.

69) 임영빈, "[남성이 쓰는 여성학 노트] 페미니즘 운동과 가부장제", 『새가정』 66(2019): 42-45.

70) 김만권, "페미니스트가 페미니스트에게: 젠더를 넘어 연대로", 『시민과 사회』 6(2018): 237-249.

71) 울리케 아이힐러, 일제 뮐너 외/김상임 옮김, 『깨어진 침묵: 성폭력에 대한 여성신학적 응답』(서울: 여성신학사, 2001), 19-25.

72) Hans Küng, Women in Christianity, tras. John Bowden (London, New York: Continuum, 2001), 70-100.

73) 앞의 책, 29-60.

74) 존 스토트/정옥배 옮김, 『현대사회 문제와 그리스도인의 책임』(서울: IVP, 2005), 13장 "여자, 남자, 하나님"을 참조하라.

75) 이상화, "여성주의 인식론에 대한 비판적 성찰", 『한국여성철학』(서울: 한울아카데미, 1995), 41-78.

76) 스탠리 J. 그렌츠, 데니스 뮤어 키즈보/이은순 옮김, 『교회와 여성』(서울: 기독교문서선교회, 1997), 88.

77) 수잔네 하이네/정미현 옮김, 『초기 기독교 세계의 여성들』(서울: 이화여자대학교출판부, 1990)을 참조하라.

78) 정승우, 『예수, 역사인가 신화인가』 (서울: 책세상, 2014), 144-148.

79) 복음서에서 'qauma,zw'가 나오는 본문은 마 8:10, 27; 9:8, 33; 21:20; 27:14/ 막 1:27; 5:20;
    6:51; 10:32; 14:33; 15:5; 16:6/ 눅 1:21, 63; 7:9; 8:25; 11:14; 20:26; 24:12, 41/ 요 5:20, 28;
    7:15이다.

80) Küng, *Women in Christianity*, 15-18.

81) Elisabeth Schüssler Fiorenza, In Memory of Her: A Feminist Theological Reconstruction of
    Christian Origins (New York: Crossroad Publishing Company, 1994), 130-153.

82) 강호숙, "교회리더의 성(聖)과 성(性)에 관한 연구: 성의 사각지대를 형성하는 교회 메커니즘 문
    제에 대한 실천신학적 분석", 『복음과 실천신학』 47(2018): 9-43.

83) 김현경, 『사람, 장소, 환대』 (서울: 문학과지성사, 2018), 25-27.

3장. 탈북민 차별: 한반도 통일의 관점에서

이수봉(총신대학교 철학박사, 조직신학 전공)

I. 들어가는 말

탈북민은 누구인가? 북한의 인민으로 살던 사람이 북한을 이탈하여 주거지를 북한 밖에 두고 사는 사람들이다. 특히 이들이 대한민국에서 살겠다고 할 경우, 귀순용사, 탈북자, 새터민, 북한이탈주민, 자유북한인, 북향민 등 다양한 이름으로 호칭되어 왔다. 각각의 호칭들은 시대적 가치를 반영하는데, 아직 합의된 것은 없다. 다만 탈북민은 가장 무난한 호칭 중 하나다.

북한 정권의 입장에서 볼 때, 자국민의 이탈은 정권에 위협이 되고, 궁극적으로는 국가의 존립을 위협하는 것이다. 그래서 북한 정권은 탈북을 최고 존엄을 모독하는 것이며, 공화국을 배신하는 것으로 보고 있다. 하지만 이런 관점은 탈북을 할 수밖에 없는 문제의 본질을 보지 못하는 것이다. 고향산천을 떠날 수밖에 없는 이유를 찾아 해결하려는 자세가 요청된다고 본다.

대한민국의 입장에서 탈북민의 입국은 이중적이다. 일단 3만 4천명이 넘는 북한 주민이 남한에서 살게 해 달라는 것은 체제경쟁에서 이겼다는 것을 의미한다. 체제경쟁에서 이겼다는 것은 남북관계에서 우월적 위치를 갖는 것이고 주도적 입장에 있다고 해석할 수 있다. 그러나 이것은 경쟁적 상황에서 인정될 수 있는 가치관이고, 통일을 지향할 때는 다르게 해석되어야 한다.

탈북민의 입국은 한반도가 통일로 나아가는 중요한 단계에 진입했다고 볼 수 있다. 일단 탈북민의 한국 입국은 이질적 요소가 사회에 편입된 것이다. 사회에 이질적 요소가 들어오면 조정, 적응과정이 필요하다. 이 과정에서 많은 문제가 발생한다. 문제의 원인은 남한 국민에게도 있고, 탈북민에게도 있다. 중요한 것은 이질적 요소를 잘 소화하여 사회 통합을 이루는 것이다. 이 사회 통합은 한반도 통일의 관점에서 바라볼 때 아주 중요한 통일 연습이다. 그러므로 탈북민을 남한사회에 순적하게 편입시키는 것은 결코 가볍게 볼 수 없다.

현재 탈북민들은 남한사회에서 차별을 받고 있다. 탈북민 차별은 남한사회가 다양성이 부족한 배타적 성격을 드러낸 것이며, 북한 인민들에게 남한과의 통일을 거부하도록 유도하는 심각한 현상이다.

이 글은 탈북민 차별을 남북한의 사회 통합의 관점에서 논하고자 한다. 이를 위해 탈북민의 사회적 의의를 살펴보고, 남한 내에서 탈북민의 삶을 평가해 볼 것이다. 그리고 통일 독일이 겪었던 내적 통일의 문제를 통해 차별의 심각성을 짚어 본 후에 고린도전서 12장을 중심으로 바울이 제시한 차별 없는 사회 통합의 가치에 대해 논함으로써 이 글의 목표에 도달하고자 한다.

Ⅱ. 탈북민의 사회적 의의

분단과 통일이라는 상황에서 탈북민의 대한민국 입국은 분단을 종식시키고, 통일로 나아가는 중요한 조짐으로 평가할 수 있다. 탈북민의 숫자가 계속 증가한다는 것은 통일을 향해 나아가는 역사의 진전이다. 탈북은 개인의 선택을 넘어서, 사회 변혁적이라고 해야 할 것이다. 탈북민은 한반도에서 통일이라는 사회 변혁을 촉진시키는 역할을 하고 있다.

탈북민이 대한민국에 안정적으로 잘 정착하는 것은 통일이라는 사회 변혁의 청신호다. 20세기의 한반도가 분단의 시대였다면 남한에서 안정적 정착을 경험하는 탈북민들과 함께 만들어 가는 21세기는 통일의 시대가 될 것이다. 탈북민은 한반도의 통일 역사에 겨자씨 같은 존재이다. 한 사람 한 사람은 작고 보잘것없이 보일 수 있지만 잘 가꾸면 한반도에서 통일의 봄을 활짝 여는 꽃이 될 것이며, 건강한 통일사회를 자손에게 물려주는 축복의 통로가 될 것이다.

이런 함의에 부응하여 정부는 「북한이탈주민의 보호와 정착지원에 관한 법률」을 제정하여 탈북민의 정착을 체계적으로 추진하고 있다. 입법의 근거는 헌법적으로 대한민국의 영토가 한반도와 부속도서이기 때문에 북한 인민도 미수복지구의 대한민국 국민이라는 것이다. 또한 탈북민의 안정적 정착이 분단과 통일에서 갖는 의미가 중대하기 때문이다.

탈북민이 대한민국에 입국하면 하나원에서 사회적응 교육을 받는다. 하나원을 졸업하면 거주지 배정을 받는다. 이 단계에서는 정착금을 수령하고, 취업을 위해 직업훈련과, 고용지원금과, 취업보호담당관의 지원을 받는다. 사회복지 차원에서는 생계급여, 의료보호, 연금 특례를 받는다. 교육 차원에서는 대학특례입학과 등록금지원을 받는다. 그리고 지역별 하나 센터의 정착 도움을 받고 거주지 보호담당관의 도움을 받는다. 이 과정은 통일부에서 주관하며 단계별 정착지원은 5년 동안 이어진다. 이 과정이 끝나면 탈북민 정착지원이 아니라 사회의 일원으로서 사회복지제도의 도움을 받게 된다.

하지만 이 과정은 외적인 것이고, 탈북민들이 정착과정에서 느끼고 생각하는 내적인 부분에는 법과 제도로 해결할 수 없는 것들이 있다. 예를 들어, 2019년 7월 기준으로 소재 불명, 타 주소지 거주 등의 이유로 주민등록상 '거주 불명 탈북민'은 891명으로 나타났다. 2017년에는 928명이 거주지 불명으로 역대 최고치를 기록하기도 했다(문화일보, 1월 8일 자). 탈북민들의 주소지가 파악되었다고 정착을 잘하고 있다고 할 수 없지만, 주소지조차 파악이 안 된다면 정착에 실패하고 있다는 증거로 해석할 수 있다. 이 상황을 심각하게 보고 특단의 대책을 세울 필요가 있다. 또한 남한에서의 정착을 포기하고 미국, 캐나다, 영국 등으로 이주하는 탈북민들도 있다. 비록 이들이 그곳에서도 정착하지 못하고 다시 돌아온다고 해도 탈남 현상의 원인에 대한 검토는 필요하다. 그 원인 중에 차별이 포함되어 있다는 것이다. 그런 점에서 남한에서 탈북민들이 어떻게 살고 있는지 살펴보자.

Ⅲ. 남한 내 탈북민의 차별

탈북민들의 안정적 정착과 관련하여 작년에 큰 이슈가 된 사건이 있다. 작년 여름 탈북민 모자의 아사 사건으로 큰 논란이 있었다. 관악구의 한 임대아파트에 살던 한성옥(42) 씨와 의전증을 앓던 아들 김동진(6) 군이 죽은 지 약 2달여 만에 발견되었다. 굶어 죽지 않기 위해서 찾아온 남한 땅, 음식이 남아도는 남한 땅에서 탈북민이 굶어 죽었다는 것은 충격이었다. 그 많은 복지시스템이 아무런 도움이 되지 않았다는 것도 충격이었다. 이 충격은 정부에 대한 비난으로 이어졌다. 국민의 생존권과 복지에 대한 책임이 있는 정부가 탈북민 모자의 아사를 막지 못했다는 비난이 일어났다. 이것이 정당한가 생각해 보자.

감정적으로 세상을 원망하는 것, 문재인 정부의 대북정책을 비판하는 것, 정부의 복지정책을 비판하는 것, 탈북민 정착지원을 비판하는 것이 사건의 본질일까? 일부 단체에서는 광화문에 분양소를 설치하여 탈북민 정착에 경종을 울렸다. 일부 탈북민은 남북하나재단 앞에서 한 씨 모자 아사 사건에 대해 항의했다. 일부는 청와대에 가서 문재인 정부에 항의했다. 언론에서도 한 씨 모자 사건을 탈북민 정착의 문제로 크게 다루었다. 그러나 냉정하게 이 문제를 들여다보면 여러 요인이 중첩되어 있다.

먼저 정부의 복지제도의 문제를 들여다보자. 한 씨는 중국인 남편과 이혼한 후에 의전증을 앓고 있는 아들과 살기 위해, 기초생활수급신청을 했다. 그런데 담당 복지사는 중국에 가서 이혼확인서를 받아 오라고 했다. 법적으로 정당한 조치처럼 보이지만, 생존조차

버거울 만큼 심리적으로 약해진 한 씨에게 이것은 감당하기 어려운 벽이었다. 약자에 대한 감수성에 문제가 있었다고 본다. 한 씨 모자는 복지제도 앞에 또 한 번 절망했던 것이다.

탈북민 지원 정책에 문제가 있다는 견해도 있다. 이것은 오해다. 탈북민에 대한 정착지원은 법적으로 5년으로 정해져 있다. 그 후에는 사회복지시스템에 편입된다. 한 씨 모자는 입국한 지 10년이 되었으므로 탈북민 정착지원 문제가 아니라 사회복지 문제로 보는 것이 타당하다.

필자는 한 씨 모자 아사 사건에 대해 사회제도나 국가정책의 문제의 관점에서만 보아서는 안 된다고 생각한다. 자기의 문제를 이웃과 함께하지 못하는 본인의 내성적인 성격, 혹은 약자로 살아가는 사람의 위축에 대한 문제, 같은 아파트에 살면서 이웃의 아픔에 공감하지 못함에 대한 반성, 같은 탈북민으로 살아가면서 연약한 동료 탈북민의 아픔에 더 적극적으로 관여하지 못함에 대해 반성, 등등도 함께 고려할 필요가 있다. 결국, 탈북민의 정착은 제도 마련과 함께 이웃 간에 서로 돌아보는 시민적 성숙과 밀접한 관련이 있음을 직시해야 한다는 것이다.

나아가 탈북민 차별은 사회문제로 다룰 필요가 있다. 2016년 8월 18일 가족과 함께 탈북한 의사 출신의 40대 남성이 인천의 한 빌딩 유리창을 닦다가 추락해 숨지는 안타까운 사건이 있었다. 이 남성은 아내의 간질환과 고혈압 치료를 위해 2006년 탈북을 하여 남한에 정착했다. 그러나 그는 죽는 그날까지 부당한 대우를 감수하며 일했다. 남한에서 의사로 재기할 꿈을 잃지 않고 묵묵히 생활했던 고인은 탈북민으로서 직장에서 받는 차별과 불합리한 인사제도를 가장 힘들어했다고 한다.[84] 하지만 그는 남한에서 그의 꿈을 이루지 못하고 죽었다. 그는 더 안전한 일자리에서 더 많은 수입을 받을 수 있는 능력이 있었으나 그런 기회를 얻지 못했다. 표면적으로는 개인의 실수로 사망한 것처럼 보이지만 그 이면에는 사회적, 제도적 차별로 인하여 코너에 몰린 한 탈북민의 불행한 최후가 있었던 것이다. 직장에서의 차별과 불합리한 인사제도는 사회적 차별이며, 의사로서의 그의 능력, 아내의 질환 치료와 관련된 문제는 제도적 차별이라고 할 수 있다. 사회적, 제도적 차별은 입법에 기초한 제도 개선이 필요한 문제이다.

탈북민 차별에는 문화적 차별도 있다. 경쟁사회에서 약자를 차별하려는 경향에 따라 탈북민들을 하대하는 사회적 분위기가 있다. 또한 가난한 나라에서 온 무능한 존재로 보는 분위기도 있다. 나아가 탈북민 정착지원제도를 역차별이라고 생각하는 분위기도 있다. 문화적 차별은 탈북민들이 피부로 느끼기 때문에 더 심각할 수 있다. 그러나 차별을 당하는 사람은 뼈아프게 느끼는데, 차별하는 사람은 잘 느끼지 못한다는 점을 살필 필요가 있다. 경쟁에 치우치면서 약자에 대한 감수성이 떨어지는 문제다. 이런 문제는 건강한 통일을 지향하는 한반도 공동체가 반드시 풀어야 할 과제다.

제도적 문제 중에서 가장 대표적인 것으로 직업 문제가 있다. 북한이탈주민지원재단에서 발표한 '2018 북한이탈주민 정착실태조사'에 의하면 직업과 관련하여 탈북민의 남한 정착은 상당히 성공적인 것처럼 보인다. 탈북민의 고용률은 60.4%로 일반 국민 고용률 60.9%보다 0.5% 낮다. 이 정도면 차별이 거의 없다고 할 수 있는 수치다. 탈북민들의 남한 생활에 대한 만족도는 72.5%가 '만족한다', '보통이다'가 23.7%, '불만족한다'가 3.8% 순이다. 이 정도 수치면 불만이 거의 없다고 평가할 수 있다. 남한 생활에 불만족하는 주된 이유에 대한 질문에서 '가족과 떨어져 살아야 해서'가 27.4%, '경쟁이 너무 치열해서'가 18.6%라고 답했다. '남한사회의 차별과 편견 때문'이라고 답한 비율은 18.3%였다. 18.3%면 10명 중 2명에 가까운 탈북민들이 차별과 편견 때문에 힘들어한다는 것이다. 적은 수치는 아니지만 상당히 해소된 것처럼 보인다. 그러나 자세히 들여다보면 다르다. 고용률이 높은 것은 탈북민들의 근로 의욕이 일반 국민에 비해 낮지 않다는 것으로 해석해야 한다. 그리고 만족도나 차별에 대한 반감이 적게 나타났다는 것은 탈북민들이 차별을 자기 나름대로 잘 극복하고 있다는 의미이지 차별이 없다는 의미로 해석해서는 안 된다. 각론을 살펴보면 이 해석의 근거를 볼 수 있다.

탈북민들의 취업률이 높은 것은 사실이다. 하지만 임시직, 일용직이 많아 취업의 질이 낮다. '2019년 공기업 북한이탈주민 제한경쟁 일자리 현황'에 의하면 직무유형에서 기능업무 24명(61.5%), 사무보조업무 8명(20.5%), 사무/전문업무 7명(17.9%)이다. 고용형태에서는 무기계약 23명(59.0%), 임기제 6명(15.4%), 기간제 6명(15.4%), 정규직 4명(10.3%)이다. 전문적, 안정적 직무 비율이 낮다.

취업의 질이 낮다는 것은 탈북민들의 직무능력이 부족하기 때문이라고 할 수도 있으나 사실은 남한사회와 기업이 탈북민들의 직무능력 향상을 위해 노력하지 않았다는 주장이 있다. 함께하는재단 탈북민취업지원센터 최경일 센터장은 남북 청년들에게 동일한 직무능력 향상 프로그램을 제공한 결과 차이가 나타나지 않았다고 증언한다. 같은 기회를 주면 탈북민 청년들의 직무능력이 뒤처지지 않는다는 것이다. 사회주의국가에서 살아왔다는 특수성도 기회가 주어지고, 작은 인식의 전환만 이루어지면 극복 가능한 것이었다.

임금근로자의 평균임금도 탈북민은 189.9만 원인 데 반해, 일반 국민은 255.8만 원으로 25.8%나 적다. 이 임금의 차이는 동일 노동에 대한 차이가 아니기 때문에 차별의 근거로 약하다고 할 수도 있으나 다시 보면 취업의 질의 차별로 해석하면 차별이 분명해진다. 탈북민들은 양질의 일자리에서 고임금을 받을 기회를 얻지 못하고 있다. 이것이 사회현상으로 고착화되면 탈북민들은 2등 국민이라는 인식이 고정화될 수 있다. 이것은 남북통합에 큰 걸림돌이 될 수 있다. 따라서 탈북민들에게 안정적 일자리를 제공함으로써 탈북민들의 취업 환경을 안정적인 일자리로 견인하여 탈북민의 직업적 안정성을 높여야 한다.

탈북민들이 사회주의에서 살다 왔고, 후진국에서 살다 온 것은 사실이다. 그들이 직무능력이 떨어진다는 것도 사실이다. 그러나 탈북민들에게 교육과 훈련의 기회가 주어지면 남한 출신과 차이가 나타나지 않는다. 낮은 질의 일자리에서도 열심히 일하는 탈북민들의 정신 자세를 평가해 주어야 한다. 탈북민에 대한 배려를 역차별이라고 주장하는 것은 경솔하다. 약자를 배려하는 것, 피해자 우선주의 등은 공동체 사회가 지켜야 할 소중한 가치이다. 이것은 우리 사회가 따뜻하다는 표시로서 그 가치를 한반도 공동체가 함께 누리는 것이다. 이제 내적 통일에 대해 논의해 보자.

Ⅳ. 탈북민 차별과 내적 통일

탈북민 차별은 차별을 당하는 탈북민만 피해를 보는 것이 아니라, 차별을 하는 사람도 다른 의미에서 피해를 보게 되고, 거시적으로는 우리나라의 현재와 미래가 피해를 보게 된다. 독일의 내적 통일을 통해 차별의 문제점을 파악해 보자.

1990년 헬무트 콜(Helmut Kohl) 총리는 수년 내에 서독과 동독의 생활수준이 비슷해질 것이라는 장밋빛 미래를 약속했다. 콜 총리의 말대로 수년 내에 장밋빛 사회가 실현되지는 않았으나 20여 년이 지난 후 독일 통일은 전반적으로 긍정적인 평가를 받았다. 표면적으로 보면 동독 지역을 서독 지역과 견줄 만해졌다. 일반도로, 고속도로 그리고 철도는 부분적으로 오히려 서독보다 더 잘되어 있다. 학교, 병원, 공공건물, 운동시설, 복지주택 등은 새롭고 양호하다. 대부분의 오염원도 처리되었다. 복장이나 영양 상태도 좋다. 동등한 연금혜택을 받고 있고, 자유롭게 여행하고, 자유선거, 주정부, 법률, 사회보장제도도 안정적이다. 그러나 각론으로 들어가면 차별로 인하여 동서독 사람들 모두 속앓이를 하고 있다. 그 이유를 살펴보자.

첫째, 통일에 대해 왜곡된 관점을 갖고 있었다. 통일 전에는 많은 독일인들이 동독이든 서독이든 정치, 행정, 기술, 경제적인 문제만 해결되면 분단의 아픔이 사라진 통일 독일에서 살 수 있을 것이라고 생각했다. 그러나 통일 후 곧 통일이 얼마나 복잡한 문제인지 깨닫게 되었다. 다른 사회에서 살아온 내재된 생활방식이 너무 달랐다. 통일에 도취되었던 감격이 걷히는 순간 현실은 감당하기 벅

찼다.

둘째, 서독 중심적 의사결정으로 대다수의 동독 사람들은 심각할 정도로 고통스러웠고, 이로 인해 동독인들은 소외감을 느꼈다. 서독 사람들은 서독의 것이 동독의 것보다 우수하다고 확신했고, 서독의 것이 동독인들에게도 유익할 것이라고 예단했다. 동독인들도 서독의 것들을 동경하고 있었다. 그러나 통일은 쌍방의 소통으로 이루어지는 것인데, 독일 통일은 너무 서독 편향적이었다.

셋째, 예상이 빗나갔다. 동독인들은 사회주의의 혜택에 자본주의의 혜택이 더해질 것이라고 생각했다. 그러나 동독인들은 대규모 실업에 직면했다. 동독인들의 생산효율성이 떨어졌기 때문이다. 수개월 만에 구동독의 기업 중 3분의 2가 문을 닫았다. 동독인들은 실업수당을 신청하는 것을 부끄럽게 생각했기 때문에 그들에게 실업은 더 큰 충격이었다. 서독인들에게 통일은 분단의 아픔이 치유되는 행복한 환상이었으나 통일 현실은 환상과 달랐다. 동독과 통일하는 것은 서독인들에게 너무 무거운 짐이었다.

독일 통일 후 22년이 지났을 때, 동독의 실업률은 12%로, 서독의 6%인 두 배였다. 동독인들은 같은 일을 하는 서독인들보다 17% 낮은 임금을 받았다. 동독 투자 자금의 95%가 서독 투자자의 것이었다. 독일 최고 경영자 중 5%만이 동독 출신이었다. 내각 장관, 대법원 법관, 상장회사 최고 경영자 중 동독 출신은 한 명도 없었다. 인문·사회·과학 분야 교수의 95%가 서독 출신이었다. 많은 동독 시민들은 구(舊)동독을 정리하는 과정이 불공평하고, 일방적으로 이루어졌다고 생각했고, 통일 후 22년이 지난 후에도 여전히 차별을 받는다고 생각했다.

동독인들 눈에 서독인들은 거만하고, 잘난 체하며, 연대할 줄 모르고 자기중심적으로 보였다. 이것은 독일인들이 생각하는 통일이 아니었다. 차별은 외적인 문제이기보다 내적인 문제였다. 외적으로는 통일 후에 동독이 급격히 발전하고, 동서독의 차이가 거의 없어진 것 같았다. 그러나 내적으로는 통일 전보다 더 큰 마음의 장벽이 생긴 것 같았다. 세월이 흘러서 희석되기를 기다리는 것 외에 뾰족한 해결책이 보이지 않는 것 같았다.

결론적으로 독일이 통일된 것은 잘되었고, 독일과 유럽과 세계에 유익했다고 할 수 있다. 그러나 통일의 과정은 험난했다. 특히 내적 통일은 동서독 모두에 심리적으로 감당하기 어려운 짐이었다.

그렇다면 한반도는 어떤가? 한반도의 통일은 훨씬 더 어려울 것으로 예상된다. 동서독의 경제력 차이는 수치상으로 3배 정도였다. 그러나 남북한은 20배가 넘는다. 독일은 40여 년 분단의 세월을 보냈으나 한반도는 70년이 넘는다. 더구나 남북한은 3년 동안 전쟁을 하였다. 동서독은 서로 텔레비전 방송을 시청할 수 있었고, 여행과 교류도 활발했다. 그러나 한반도는 교류보다 체제경쟁에 더 집착했다. 한반도의 통일은 독일보다 어려운 조건들이 훨씬 많다. 이런 상태에서 통일을 하면 큰 혼란을 맞게 될 것이다. 통일에 대해 장밋빛을 제시하며 통일을 부추기는 사람들이 많다. 그들은 너무 지엽적인 면만 부각시킨다. 통일은 종합적이기 때문에 종합적으로 준비해야 한다.

그런데 한반도의 통일이 독일보다 유리한 면이 있다. 첫째, 한반도는 독일의 선례를 보고 뒤따라가고 있다는 것이다. 둘째, 3만 4천여 명의 탈북민들과 통일 연습을 할 수 있다는 것이다. 그러므로 탈북민들의 안정적인 남한 정착과 그들과 하나가 되는 것은 7천5백만이 하나가 되는 통일을 미리 연습할 수 있는 축복의 시간이다. 이 기회를 잘 활용하기 위해 최선의 노력을 기울여야 할 것이다. 이제 고린도전서 12장을 중심으로 다양성의 가치와 타인과 나의 공동체적 인식에 대해 살펴보면서 차별 해결방향에 대한 지혜를 찾아보고자 한다.

V. 고린도교회의 차별에 대한 바울의 제안

고린도전서에 보면 교회 내의 차별 문제에 대해 바울이 심각하게 생각하고 있었다는 것을 쉽게 알 수 있다. 차별은 공격적 성향으로 해석할 수 있으며, 이런 현상은 강자가 약자에 대해, 다수가 소수에 대해 가해질 때 심각성이 더 커진다. 강자는 스스로 차별하고 있다는 것에 대해 문제의식을 느끼지 못하고, 약자는 저항할 힘이 없기 때문에 차별의 고통을 감수한다. 바울은 고린도교회에 나타난 이런 문제들을 심각하게 보고 교회론적 해결을 시도한다.

1. 다양성의 삼중적 해석

바울은 고린도전서 12장 4절에서 6절까지 은사와 직분과 사역의 '다양성'과, 삼위 하나님의 원천적 '단일성'에 대해 말한다. 이것을 통해 교회의 하나 됨과 다자성에 대해 가르치고 있는 것이다. 4-6절을 보자.

은사는 여러 가지나
성령은 같고
직분은 여러 가지나
주는 같으며
또 사역은 여러 가지나
모든 것을 모든 사람 가운데서 이루시는 하나님은 같으니(개역개정)

4-6절을 분석하면 흥미로운 것이 있다. 하나 됨의 원천이 성령, 성자, 성부로 되어 있다. 삼위의 사역을 균형 있게 배치한 것은 주목할 가치가 있다. 은사의 다양성을 인정하면서 같은 성령 안에서 사용되어야 하며, 직분의 다양성을 인정하면서 같은 주 안에서 직분을 감당해야 하며, 사역의 다양성을 인정하면서 같은 하나님 안에서 사역해야 한다는 것이다. 다양성을 인정함과 동시에 하나 됨 안에서 다양성이 존중되어야 한다는 것이다.

2. 지체의 코이노니아

지체의 코이노니아는 하나의 머리인 그리스도에 여러 지체가 연결되어 한 몸을 이루어 "전체 그리스도"(whole Christ)를 구성한다는 것이다.[85] 12-26절을 살펴보자.

12-14절, 한 몸과 여러 지체
15-16절, 지체의 존재 근거
17-21절, 지체의 역할의 한계
22-26절, 지체 간의 가치 동등성

1) 한 몸과 여러 지체

바울은 12-14절에서 한 몸에 여러 지체가 있다는 것을 가르친다. 12절의 "몸은 하나인데 많은 지체가 있고, 몸의 지체가 많으나 한 몸임과 같이 그리스도도 그러하니라."라는 말씀을 보면 한 몸과 여러 지체가 그리스도를 설명하고 있다. 피(Fee)는 "그리스도가 교회를 의미한다."라고 했다. 이 해석은 27절의 "너희는 그리스도의 몸이요 지체의 각 부분이라."라는 말씀과 같다.[86] 이것은 교회가 유기적으로 하나 된 성도들임을 의미한다.

그런데 '한 몸에 여러 지체'라고 하면 '지체의 독자적 가치'가 약해지고, 부속물로서의 가치만 있는 것처럼 보인다. 그러나 바울은 13절에서 이렇게 말씀하고 있다: "우리가 유대인이나 헬라인이나 종이나 자유인이나 다 한 성령으로 세례를 받아 한 몸이 되었고." 유대인, 헬라인, 종, 자유인 모두 차별 없이 한 몸을 이룬다는 표현은 지체들이 교회의 부속물이 아니며 각각 하나의 인격이라는 것을 분명하게 하고 있다.

2) 지체의 존재적 근거

바울은 15-16절에서 지체의 존재적 근거를 분명히 한다. "만일 발이 이르되 나는 손이 아니니 몸에 붙지 아니하였다 할지라도 이로써 몸에 붙지 아니한 것이 아니요 또 귀가 이르되 나는 눈이 아니니 몸에 붙지 아니하였다 할지라도 이로써 몸에 붙지 아니한 것이 아니니."라는 말씀은 지체들이 몸에 붙어 있다는 것이다. 이 말씀은 지체가 몸에 존재적 근거를 갖고 있다는 의미다. 발과 손은 다르지만 존재의 근거는 다르지 않다. 발도 손도 몸에 존재 근거를 갖는다. 그러므로 공동체인 교회를 떠난 개별적 지체는 존재할 수 없다.

3) 지체의 역할의 한계

바울은 17-21절에서 지체의 역할의 한계를 분명히 하고 있다. 그 의미는 한 지체가 몸 전체를 대신하는 일이 없어야 한다는 것이다. "온몸이 눈이면 듣는 곳은 어디며"(17절)라는 말씀은 눈 하나가 몸 전체가 될 수 없다는 것이다. "만일 한 지체뿐이면 몸은 어디냐"(19절)라는 말씀은 한 지체로는 몸이 될 수 없다는 뜻이다. "하나님이 그 원하시는 대로 지체를 각각 몸에 두셨다."(18절)는 것은 하나님께서 계획에 따라 각 지체마다 역할을 주어서 몸에 붙어 있게 하셨다는 것이다. 그러므로 하나님이 정해 주신 그 역할의 한계를 넘어가서는 안 된다.

4) 지체 간의 가치 동등성

바울은 22-26절에서 지체 간의 가치 동등성에 대해 가르치고 있다. 지체 간의 가치 동등성의 핵심은 서열이 없다는 것이다. 강약(强弱)과 귀천(貴賤)과 미추(美醜)로 지체를 우열화(優劣化)시켜서는 안 된다. 모두 아름답고 귀하다. 다만 사회에 존재하는 우열은 무엇인가? 그것은 타락한 가치이며, 하나님의 의도가 아니다.

> 그뿐 아니라 더 약하게 보이는 몸의 지체가 도리어 요긴하고
> 우리가 몸의 덜 귀히 여기는 그것들을 더욱 귀한 것들로 입혀 주며
> 우리의 아름답지 못한 지체는 더욱 아름다운 것을 얻느니라(22-23절).

하나님께서는 약한 지체를 요긴함으로, 덜 귀한 지체를 더욱 귀한 것으로, 아름답지 못한 지체를 더욱 아름답게 하셨다. 하나님께서 창조하실 때 우열에 대한 계획은 없었다고 본다.

> 우리의 아름다운 지체는 그럴 필요가 없느니라. 오직 하나님이 몸을 고르게 하여 부족한 지체에게 귀중함을 더하사 몸 가운데서 분쟁이 없고 오직 여러 지체가 서로 같이 돌보게 하셨느니라. 만일 한 지체가 고통을 받으면 모든 지체가 함께 고통을 받고 한 지체가 영광을 얻으면 모든 지체가 함께 즐거워하느니라(24-26절).

하나님께서는 지체 간에 차등이 없이 고르게 하여 부족한 지체에 귀중함을 더하셨다. 그러므로 지체 간에는 분쟁이 없고, 서로 돌보게 하셨다. 그리고 지체 간에 고통도 함께 나누고, 영광도 함께 나누는 공동운명체가 되게 하셨다. 이것이 바울이 발견한 교회의 모습이다.

5) 직분의 코이노니아

본문은 하나님의 교회의 다양한 사역자들에 대한 말씀이다. 교회는 다양한 사역자들이 각자의 역할을 담당하며 코이노니아 공동체를 이루는 것이다. 본문은 네 부분으로 나눌 수 있다.

> 28절: 교회의 사역자들
> 29-30절: 사역자들의 단일성과 다양성
> 31절: 사역자들의 공동체성에 대한 사모함

하나님의 교회는 여러 사역자들이 있다. 첫째는 사도요, 둘째는 선지자요, 셋째는 교사요, 그다음은 능력을 행하는 자요, 그다음은 병 고치는 은사와 서로 돕는 것과 다스리는 것과 각종 방언을 말하는 것이라(28절). 이상 8가지 직분을 구분하고 있다. 본문을 분석하면서, 가장 유의해야 할 것 중 하나는 나열된 사역자들의 순서에 의미가 있는가? 혹시 우열의 순서는 아닌가? 하는 것이다. 지금까지 언급된 코이노니아의 성격을 바탕으로 한다면, 사역자들의 나열이 우열처럼 보이는 것은 하나님의 의도가 아니요, 인간의 편견이다. 사역자들은 지체들이며, 지체로서 각각 존중되어야 한다. 그러나 지체들은 몸을 떠나서는 의미가 없다. 반드시 한 몸을 이루어야 한다. 그렇기 때문에 직분론은 교회의 사역의 다양성에 대한 말씀으로서 가치가 있지만, 우열에 의한 체계(hierarchy)로 보는 것은 문맥에 반하는 것이다.

29-30절을 살펴보자. 본문의 요점은 교회의 사역을 획일적으로 보아서는 안 된다는 것이다. "다[…]겠느냐?"라는 어구가 일곱 번 반복되고 있다. 다양한 사역이 있으며, 모두가 한 가지 사역만 담당해서는 안 된다는 것이다. 한 가지 사역을 경계하는 이유는 첫째, 한 가지 사역을 우월적으로 판단하고, 그 사역에만 몰리는 것을 경계한 것이고, 둘째는 다양한 사역들을 존중하라는 것이며, 셋째, 다양한 사역을 조화시키라는 뜻으로 해석할 수 있다. 그러므로 교회가 한 몸을 이루는 것은 유기적 하나 됨(organic unity)임을 보여주고 있는 것이다.

하나님이 계획하신 교회공동체에는 차별이 없다. 우열적 서열화도 없다. 지체 하나하나는 모두 개체적 가치가 있으며, 그 가치는 공동체 안에서 유기적으로 하나 됨으로 완성된다. 그러므로 대통령에게 충성하는 것이 아니라, 국가 공동체에 충성하는 것이며, 대통

령도 국가의 일부다. 사회적 약자도 당당한 지체로서 존중되어야 하며, 지체를 차별하는 것은 국가 공동체가 병드는 것이다. 이것이 유기적 하나 됨이다. 한편 기업의 회장도 회사의 일부이며, 회장이 전횡적으로 권력을 남용해서는 안 된다. 말단 신입직원도 당당한 회사의 구성원이다. 그러므로 차별은 절대로 정당화될 수 없다.

VI. 나가는 말

고린도전서 12장에서 바울이 말하고 있는 것은 지체의 다양성과 공동체 속에 존재하는 지체됨과 지체 간의 유기적 하나 됨이다. 이 것이 차별과 무슨 관계가 있는가? 차별은 차이를 다양성으로 보지 않고 우열로 본다. 이 우열의 위계 속에서 차별이 사회구조적으로 일어난다. 역사적으로 보면 이 우열은 주로 계급으로 제도화되었다. 계급으로 제도화되면 차별에 대한 문제의식이 없어져 좀처럼 해결하기 어렵다. 계급화는 지배계층에 상당히 편리한 논리를 제공한다. 그리고 차별받는 피지배계층에는 반항심을 말살하고, 차별을 숙명적으로 받아들이게 한다. 우열에 의한 사회의 계급화는 다양성에 의한 역동성을 무력화시키면서 전체적으로 사회발전을 저해한다.

지체 간의 유기적 하나 됨은 지체의 독자적 가치를 존중하고, 동시에 지체가 유기적으로 하나 됨으로 공동체성이 형성된다. 이런 체계에서는 위계는 없고, 질서가 존재한다. 이 질서가 공동체의 하나 됨으로 나타나면서 공동체의 구성원들의 만족도가 높아지게 된다. 이 체계의 가치는 다양성과 공동체성의 공존이다. 이것은 이상

론에 가깝지만 고린도전서 12장은 이것을 강조한다.

탈북민을 우열의 관점에서 보면 안 된다. 경제적 효율성의 관점에서 보아서도 안 된다. 하나의 인격으로 존중하여야 하며, 살아온 체제의 차이를 인정하고, 개선을 위해 서로 노력해야 한다. 그리고 우리 사회의 일원으로서 역할을 부여하고, 전체 구조 속에서 그 역할의 중요성을 인정하고, 유기적 협력을 위해 함께 노력해야 한다. 이것이 한반도의 통일의 실현이며, 우리가 만들어야 할 역사다. 탈북민의 차별을 해결하는 것은 바로 통일의 실현의 과정이라고 할 수 있다. 그런 점에서 부정적 관점에서 골치 아픈 문제로 볼 것이 아니라, 긍정적 관점에서 한반도의 통일로 나아가는 중요한 단계로 해석해야 할 것이다.

미주

84) 연합뉴스 인터넷판 2016년 10월 9일, <탈북민3만명시대> ③ 정착지원체계 문제는 없나 http://www.yonhapnews.co.kr/bulletin/2016/10/07/0200000000AKR20161007170500014.HTML 검색일 2017년 10월 30일.

85) 미로슬라브 볼프/황은영 옮김, 『삼위일체와 교회』(서울: 새물결플러스, 2012), 69-80을 참조하라.

86) Gordon D. Fee, *The First Epistle to the Corinthians* (Grand Rapids: Eerdmans Publishing, 1987), 603.

4장. 근세 초 영국에서 '정통' 종교에 의한 전제적 억압과 관용의 발전 과정 고찰: 존 번연의 경우를 중심으로

안주봉(고려대학교 문학박사, 역사학 전공)

I. 서론

현대 한국사회에서 불현듯 정통을 자처하는 종교가 특정 사회 구성원에 대하여 무분별한 억압과 차별을 가함으로써 근대사회의 발전 과정에서 나타난 관용의 정신을 위협하는 문제를 보이고 있다. 또 이 과정에서 종교-정치 간의 결합 문제까지 보이고 있다. 이에 필자는 근세 초 서구 특별히 영국(잉글랜드)에서 발전된 관용의 역사와 정교분리 문제를 상기할 필요를 느껴 이 글을 작성하게 되었다. 당시 영국은 종교개혁 후 독자적인 정통 종교를 확립하려는 과정에서 상이한 신앙 혹은 신념들의 문제들로 갈등을 겪다가 결국 관용의 원리를 발전시켰는데, 그것이 이후의 세계에도 영향을 미쳤다. 그러므로 이와 같은 영국의 역사적 경험이 역사적 지혜를 망각한 현대인에게 유익한 교훈을 상기시켜 주는 계기가 되기를 기대한다. 그리고 본고는 이 과정에서 '정통'이란 언어가 내포하는 '바름'이 또 다른 면에서는 억압과 폭력의 도구가 될 수도 있다는 점을 상기시키고자 한다. 물론 이것은 포스트모더니즘의 근대성 비판과도 관련이 있다.

근세 초의 영국은 사회경제적인 면에서 봉건제로부터 자본주의로의 이행과정을 경험하였다. 정치적으로는 절대왕정의 발전 그리고 혁명에 의한 의회민주주의로의 이행이라는 정치적 대변동을 경험하던 시기였다. 종교적으로는 종교개혁으로부터 시작하여 청교도혁명이라는 종교적 대변동을 경험하였다. 그 과정에서 『천로역정』의 저자 존 번연(John Bunyan)과 같은 사회적 약자이자 종교적 소수자들에 대한 관용의 정치가 나타났다. 그러므로 그 원인과 해결과정을 알게 되면 오늘날의 사회적 약자나 소수자들에 대한 종교계의 입장을 정리하는 데 도움을 줄 것이다.

이를 위하여 본고는 먼저 "근세 초 영국에서 '정통' 종교 문제와 존 번연"이라는 주제로 근세 초 잉글랜드에서 정통 종교의 확립과정과 존 번연과 같은 비주류의 사람들이 겪게 된 억압 상황을 살펴볼 것이다. 다음에는 "존 번연의 작품에 나타난 '정통'의 억압과 그에 대한 저항" 이야기를 다룰 것이다. 그다음에 "'정통'에 의한 전제적 억압의 원인과 관용의 발전과정"이라는 주제를 통해 종교적 억압의 원인과 그에 대한 관용이 잉글랜드에서 어떻게 발전되었는지 살펴볼 것이다. 마지막에는 이런 역사적 경험 또는 현상이 오늘날 우리에게 어떤 시사적 교훈을 주는지 간단히 정리하고자 한다.

Ⅱ. 근세 초 영국에서 '정통' 종교 문제와 존 번연

근세 초 잉글랜드는 헨리 8세의 종교개혁 이래로 통일법(Act of Uniformity, 1549, 1552, 1559)을 제정하여 성공회에 의한 국교회, 즉 정통 교회를 확립하려고 했다. 이런 조치는 가톨릭 국가인 스페인 무적함대를 물리친 엘리자베스를 거치면서 그 통제가 강화되어 국교회 예배 참석을 거부하는 자들에게 벌금을 물게 하였다. 특히 1593년에 통과된 '여왕 신민의 정당한 복종에 관한 규제를 위한 법'(An Act for Retaining the Queen's Subjects in their Due Obedience)은 그 위반자가 3개월간의 구속 후에도 국교를 따르지 않을 경우 추방이나 사형 가운데에서 선택하도록 규정했다.[87]

본래 가톨릭이 그 주요 규제 대상이었으나 이후 국교회를 거부하고 자기들만의 예배를 드리고자 한 청교도 비국교파들도 제재를 받게 되었다. 이렇게 발전된 잉글랜드 국교회(성공회)는 그에 걸맞은 예배의식 지침서로 '공동기도서'(Book of Common Prayer)를 표준으로 제시하였다. 그리고 정통 교회로서의 국교회를 확립시켜 가는 과정에는 이단이라는 이유로 처형당하는 사람들도 나타났다. 헨리 8세 때에는 51명이, 엘리자베스 1세 때에는 5명이 이단이라는 이유로 목숨을 잃었다. 국교회를 다시 가톨릭으로 돌리려 했던 메리 여왕의 때에는 284명이 목숨을 잃었다.[88] 찰스 1세 때에는 버튼(Henry Burton), 바스트윅(John Bastwick), 프라인(William Prynne) 등의 개혁적 성직자들이 국교회 정책을 거부하다가 귀를 잘렸다.

청교도혁명 초기 잉글랜드 의회파 교회는 스코틀랜드와 '장엄동맹과 언약'(Solemn League and Covenant, 1643)이라는 이름의 동맹을 맺고 장로교 제도에 의한 국교회 수립을 추진하였다. 이 조약도 건전한 교리와 경건을 해치는 교황파, 미신, 이단, 분열 등을 근절하기로 합의하는 내용을 담고 있었다.[89] 또한 양국은 공통된 정통 교회의 교리적, 형식적 기반을 만들기 위해 1647년 '웨스트민스터 신앙고백'(Westminster Confession)을 도출하였다. 그런데 이미 1641년 한 저술은 잉글랜드에 기성교회를 위협하는 세력이 있다고 밝혔는데, 런던에만 무려 29개의 분리파가 있다고 주장하였다.[90] 청교도를 비롯하여 교황파, 브라운파(Brownist), 분리파(Separatist), 칼뱅주의자들에 더하여 바쿠스 신도(Bacchanalians), 판노니아파(Pannonians) 들 등이 그에 해당하는 것이었다.

어쨌든 혁명기의 의회파는 스코틀랜드 군대의 지원, 지휘관 올리버 크롬웰의 활약 등에 힘입어 1645년경에 왕당파 군대에 대한 승기를 굳힐 수 있었다. 하지만 당시 의회파 군대는 국교회 체제를 거부하는 회중교회 세력(침례파를 비롯하여 수평파, 퀘이커파, 제5왕국파 등) 등이 주를 이루고 있었다. 왕의 정예군을 상대로 목숨을 건 전투에 나설 수 있도록 한 것이 그들의 종교적 열정에 힘입은 바가 컸기 때문이다. 게다가 크롬웰은 능력만 있으면 기존 신분을 막론하고 부하들을 진급시킨 까닭에 그들 중 일부는 장교가 되어 영향력을 발휘할 수 있었다. 결국 의회와 기성교회, 그리고 스코틀랜드가 함께 추진했던 장로교적 국교회의 수립은 좌절되었다. 이후 회중교회 세력의 입장을 옹호하던 올리버 크롬웰(Oliver Cromwell)이 호국경이라는, 왕과 다름없는 지위에까지 오르자 비국교파 신도들은 대체로 종교활동의 자유를 보장받게 되었다.

이미 잉글랜드 종교개혁 직후부터 기존 국교회 예배의식이 가톨릭 예식과 크게 다르지 않은 형식적 예배라고 비판받아 왔기에 혁명기의 청교도들은 예배의식의 개혁도 추진하였다. 이에 1644년부터 '예배지침서'(A Directory for Public Worship)가 마련되어 간소한 예배형식이 예시되었다. 성령의 역할을 강조한 일부의 비국교파는 그런 최소한의 형식조차도 거부하였다.

크롬웰의 사후, 혁명에 지친 잉글랜드인들이 왕정복고(1660)를 받아들임에 따라 국교회도 회복되었다. 이것은 1662년의 '통일법'으로 보장되었다. 그리고 왕정복고 후 정부는 이른바 '무자격자들'에 대한 탄압을 시작하였다.[91] 이는 그동안의 혼란을 틈타 잉글랜드의 다양한 종교 단체들이 공인된 옥스퍼드 및 캠브리지 출신의 성경 해석자를 각 교구에 두어야 한다는 지침을 어기고 직접 설교자를 선출하였기 때문이다.[92] 번연도 무자격 설교자 중 한 사람이었다.

그와 같은 억압을 위해 이용된 법이 '클라렌든법'이라는 것으로서, 그것은 1661년의 지방자치단체법(Corporation Act),[93] 1662년의 통일법(Act of Uniformity),[94] 1664년의 비밀종교집회법(Conventicle Act),[95] 1665년의 5마일법(Five Mile Act)[96] 등을 망라하는 것이었다.[97]

또한 잉글랜드 의회는 1664년의 비밀종교집회법(Conventicle Act)이 1669년에 소멸되자, 1670년에 다시 '선동적 비밀집회 방지 및 탄압법'(An Act to Prevent and Suppress Seditious Conventicles)이라는 것을 만들었다. 이것은 1664년 법의 반복이었지만 처벌 조항을 더 강화시켰다. 즉 처음 적발된 불법 설교자에게는 20파운드, 재차 적발된 불법 설교자에게는 40파운드의 벌금을 물리도록 하였으며 설교자가 이를 지불하지 못할 경우 그의 회중이 지불하게 했다.[98] 이에 비국교파들은 은밀한 장소에 모이거나 단속 관할권이 애매한 주 경계 지역에 있는 야외에서 사람들의 눈을 피해 예배를 드렸다.

한편 16, 17세기 잉글랜드의 종교는 정치와 분리되지 않았었기에 종교적 개혁이 정치적 변화를 동반하기 쉬웠다. 그러므로 혁명 전야에 청교도들이 새로운 유토피아적 종교와 통치체제를 세우려 한다고 찰스 1세가 인식[99]한 것도 무리가 아니었다.

실제로 밀린 봉급 문제 해결과 의회의 개혁을 주장하며 크롬웰의 군대에서 봉기를 일으킨 수평파는 인쇄공 출신으로서 장교에 오르기까지 한 존 릴번(John Lilburne, 1614-1657)이라는 인물을 중심으로 19세기에나 실현 가능했던 성인 남성 보통 선거권에 의한 의원 선거를 주장했을 뿐만 아니라, 기성 신분제도의 역사적 정통성까지 부정하는 주장을 제기하였다. 특별히 의미심장했던 것은 그들이 당시 영국의 불평등한 법이 프랑스 노르망디 공 윌리엄의 잉글랜드 정복(1066)과 더불어 성립된 것이기에 이를 노르만의 멍에(Norman Yoke)로 지칭하고 혁명을 계기로 그 불평등한 법을 철폐하려 했던 것이다. 이는 옛 게르만인들이 자유롭고 평등했다는 전통 관념에 따른 것이었다. 이에 미셸 푸코(Michel Foucault)는 서구에서 사유되기 쉬웠던 직선적, 누적적 발전의 역사 인식과 달리 수평파가 역사에 대한 단절적 사고(또는 반[反]역사 인식)를 보인 점에 큰 의미를 부여하였다.[100] 게다가 이처럼 시대를 앞서 평등의식이 남달랐던 수평파는 종교활동에 있어서도 남녀평등을 지향한 것으로 알려졌다.[101]

어쨌든 17세기의 존 번연은 침례파라는 비국교파로서 겪는 일반적인 종교적 억압 외에도 신분과 능력에 따른 차별도 겪지 않을 수 없었다. 왜냐하면 아직도 봉건제도가 잔존하고 있던 시대에 그의 신분은 농민도 장인도 상인도 아니었고, 『천로역정』의 주인공처럼 등짐을 지고 이 마을 저 마을로 돌아다니며 망가진 금속 그릇을 고쳐 주는 땜장이였기 때문이다. 그리고 그가 배운 교육이란 것도 간신히 문법학교를 마친 수준에 지나지 않았다.(그가 회심을 경험하던 때에는 기포드[Gifford]라는 목사의 지도를 받을 수 있었다.) 결국 번연은 1660년 침례파 비밀집회에서 교우들에게 설교하다가 현장에서 체포되었다.

왕정복고 후 불법 종교집회에 대한 당국의 시각은 번연의 증언을 통해서도 확인할 수 있다. 그는 베드포드 당국이 자신의 집회를 반정부적 공작활동을 하는 것으로 여기고 감시한다고 생각하였으며 치안판사가 자신과 동료들이 무기를 소지하고 있었는지 궁금해했을 것이라고도 생각하였다.102)

그런데 왕정복고로 왕위에 오른 찰스 2세의 종교적 개인 사정은 좀 복잡했었다. 잉글랜드에 와서도 가톨릭 신앙을 유지한 프랑스 출신 어머니의 영향을 받은 찰스 2세의 종교는 노골적으로 드러내지는 않았지만 사실 가톨릭이었다. 또한 그는 청교도혁명기에 잉글랜드를 탈출하는 과정에서 퀘이커파 어부의 도움을 받은 일이 있었다. 따라서 그는 한편으로는 가톨릭교도들에게 관용을 베풀 이유가 있었고, 다른 한편으로는, 비국교파에도 관용을 베풀 이유가 있었다. 이에 그는 왕정복고 후 12년이 지난 1672년에 관용조치를 내렸다. 번연은 그렇게 억압의 기간이었던 1660-1672년 동안을 구속 상태로 보냈다.

찰스 2세의 관용선언 덕분에 비국교파 신도들은 종교의 자유를 누릴 기회를 가졌고 번연은 목사 자격도 가질 수 있었다. 하지만 아직 심사법(Test Act)이라는 것이 있어 공직자나 국교회 성직자가 되기 위해서는 국교회 예배와 그 성사를 인정하고 받아야 했기 때문에 비국교파의 삶은 여전히 순탄치 못했다. 그런데 찰스 2세의 뒤를 이어 왕위에 오른 제임스 2세가 노골적인 친가톨릭 통치를 하려고 하자, 의회 의원들은 과거의 당파를 초월하여 그에 대항하여 연합함으로써 명예혁명을 성공시켰다. 이후 심사법은 서서히 무력화되었다.

한편 비국교파 교인들이 억압적 조치에 대해 전적으로 수동적이었던 것도 아니었다. 1664년 화이트처치(Whitechurch), 비민스터(Beaminster), 돌셋(Dorset) 등의 장로교 교인들은 집회 후 무기로 관리와 군인들을 공격한 일이 있었다. 또 1683년 2월 런던에서는 이삼백 명의 주민들이 비밀집회의 목사를 체포하려던 군인들을 공격한 일이 있었다고 한다.103)

Ⅲ. 존 번연의 작품에 나타난 '정통'의 억압과 그에 대한 저항

근세 초 잉글랜드의 치안력으로는 비밀리에 모이는 비국교파들을 철저히 단속하기란 어려웠다. 이에 포상조치를 매개로 한 '밀고자'들이 등장하게 되었다. 그리고 그들이 받는 포상은 단속에 걸린 사람들의 재산 압류를 통해 이루어졌다. 이에 번연도 작품 속에서

'밀고자'들을 적대적으로 언급하였다. 즉 번연은 『미스터 뱃맨의 일생』에서 당시의 '밀고자'란 당국에 의한 보상에 고무되어 밤에 잠도 안 자고 망을 보며 낮에는 나무에 올라가 감시하고 숲속을 쏘다니며 집회자들을 찾아내려 했다고 설명하였다. 또 어떤 밀고자는 밀고의 대가를 받기 위해 집회에 참석한 사람의 재산을 압류하도록 치안관을 채근했다고 한다.104)

어쨌든 국교회가 스스로 사도적 계승권을 주장하던 터였기에 단속에 걸린 비국교파 신자들을 대하는 판사도 그에 따라 과감하게 판단하려 했다. 즉 한 판사는 자기 앞에 붙잡혀 온 번연에게 왜 국교회 공동기도서를 거부하느냐고 질문하였다. 이에 번연은 하나님이 그 기도서로 기도하라고 한 것이 아니기 때문이라고 대답하였다. 그러자 판사는 그럼 기도는 어떻게 하느냐고 물었다. 번연은 '영(spirit, 靈)으로, 그리고 이해함(understanding)105)으로' 기도한다고 대답하였다.106) 다시금 판사는 그리스도나 사도 요한처럼 기도서를 통해 사람들에게 기도하는 법을 가르칠 수도 있다고 주장하였다. 번연도 다시금 기도는 기도서가 아니라 성령이 가르치는 것이라고 반박하였다. 판사는 마침내 공동기도서는 사도 시대부터 비롯된 것이기에 교회에서 이를 사용하는 것이 적법하다는 정통성 주장을 제기하였다.107)

그러나 번연은 '성령', '분별'을 내세워 기도는 가르쳐지는 것이 아니라고 반박하였다. 이런 점을 보면 번연이 성령을 극단적으로 강조하여 제도적 교회나 성직자가 필요 없다는 생각을 가졌을 것이라고 추측할 수도 있다. 크리스토퍼 힐(Christopher Hill)이란 역사가도 그가 극단적인 신비주의자가 아니었을까 의구심을 가졌었다.108) 하지만 그런 추측으로 나가기에 앞서 번연이 설교자이자 목사가 된 인물이었다는 점을 염두에 둘 필요가 있다. 왜냐하면 극단적으로 생각해 볼 때, 모든 기독교인이 각자 성령으로 동일한 또는 비슷한 능력을 갖는다면, 번연과 같은 설교자나 목사에 의한 가르침이란 것이 필요하지 않기 때문이다.

이 외에도 번연은 비천하고 배우지 못한 사람에 대한 제도적, 인간적 차별과 억압에 대한 경험담도 기록하였다. 직업과 신분의 문제를 놓고 킬린(Keelin)이라는 판사와 다툰 내용이 그것이다.[109] 이때 번연은 킬린 판사로부터 무슨 권위로 설교를 하느냐는 질문을 받았다. 이에 번연은 "각각 은사(gift)를 받은 대로 하나님의 여러 가지 은혜를 맡은 선한 청지기같이 서로 봉사하라. 만일 누가 말하려면 하나님의 말씀을 하는 것같이 하고…"(벧전 4:10, 11)라는 성경 구절을 제시하였다. 그러나 판사는 '각각 은사를 받은 대로'라는 내용은 각 사람에게 직업(trade)이 주어졌으니까 그 일을 하라는 것이라는 해석을 제기하였다. 그러므로 땜장이의 은사를 가진 자는 그 일을 해야 할 것이고, 성직자(divine)는 그의 소명(calling)에 맞는 일을 하면 된다고 하면서 번연의 직업은 성직자가 아니라고 하였다. 하지만 번연은 그 '은사'를 이어지는 성경 구절과 연관시켜서 거기서 이야기하는 은사는 직업이 아니라 하나님의 말씀(oracles)에 관한 능력이라고 반박하였다.

필자는 '은사'에 대한 당시의 주류 해석이 무엇인지 아직 알 수 없으나 위 이야기의 맥락을 보면 판사는 그것을 신분제적으로 해석하려 한 것을 볼 수 있다. 그러나 번연은 하나님의 말씀이란 제도적 성직자에게만 주어지는 것이 아니라 누구에게든지 주어지는 것이라고 주장했다. 그럼에도 판사는 번연이 가정 안에서라면 상관없지만 다른 장소에서는 설교할 수 없다고 결정하였다.[110] 물론 당시에는 일개 판사가 왕의 법을 초월하여 판단할 수도 없었다.

번연의 아내이던 엘리자베스도 남편이 땜장이고 가난하기 때문에 멸시당하고 정당한 재판을 받을 수 없다고 헤일(Hale)이란 판사에게 하소연한 일이 있었다. 이때 같이 있던 트위스돈(Twisdon)이라는 판사는 번연의 교리(doctrine)를 악마의 교리라고 비난하였다.[111] 이때에도 약자의 주장이나 교의는 저주받을 부정한 것으로 매도되었다. 또한 번연은 캠브리지 근처를 지나다가 한 학자로부터도 배우지 못한 사람에 대한 편견에 따른 공격을 받은 적도 있었다. 그 내용은 다음과 같다.

> 학자: 학자도 아니고 원서(original)를 본 일도 없으면서 어떻게
> 감히 설교를 하는가?
> 번연: 그럼 당신은 성서 기록자들, 선지자들과 사도들이 쓴 진본
> 원서를 갖고 있습니까?
> 학자: 그런 건 아니지만, 그 원서의 진짜 사본을 갖고 있소.
> 번연: 그걸 어떻게 알고 있습니까?
> 학자: 우리는 우리가 가진 것이 원서의 진짜 사본인 것을 믿기
> 때문이오.
> 번연: 나도 우리의 영어 성경이 그 원서의 진짜 사본이라고 믿습
> 니다.[112]

위에서의 원서란 히브리어 구약성경과 그리스어(헬라어) 신약성경을 말한다. 하지만 번연은 영어로 번역된 성경으로도 충분하다는 입

장으로 응수하였다. 그리고 언뜻 이 대화 내용은 존 번연의 재기발랄한 언변술을 보여 주는 듯하지만, 당시의 다른 비국교파에 관한 기록들을 보건대 이런 이야기는 그의 경우만 있었던 것이 아니라 두루 있었던 일로 여겨진다. 그런 점에서 당시 사회적으로 만연된 미천한 신분과 저급한 지식을 가진 사람들에 대해 편견에 따른 차별적 담론이 있었고, 그에 대항한 담론도 있었음을 추측할 수 있다.

결국, 킬린 판사는 번연에게 일단 3개월 동안 구속을 선고한 후 그 후에도 국교회 예배 참석에 불복하고, 설교를 중지하지 않으면 국외추방을 당할 것이며, 이후 지정된 기간을 넘겨서 국내에 거주하는 것이 적발될 경우, 또는 왕의 특별 허가 없이 귀국할 경우에는 교수형에 처해진다는 판결을 내렸다.113)

이런 조치는 기본적으로 제도적 '정통' 종교를 보호, 확대하려는 것이었으나 거기서 더 나아가 당국과 기성종교의 기준에서 불순한 세력으로 간주되는 비국교파 신도나 설교자들을 법적으로 억압하는 것이었다. 동시에 이는 봉건적 신분구조의 지속을 강제하는 역할도 하는 것이기도 했다. 그리고 이런 사건에서 볼 때 한 가지 분명한 것은 루터의 본래 의도가 무엇이었든지 만인 제사장론이라는 종교적 평등의 가치는 근세 초 잉글랜드에서 신분제적 구속에 대해 전복적인 요소를 담고 있었다는 점이다.

Ⅳ. '정통'에 의한 전제적 억압의 원인과 관용의 발전 과정

'정통'을 주장하는 종교적 진리관은 전제적 지배로 빠져드는 면이 있다. 이것은 이미 플라톤의 이데아론적 철학의 형식에서도 드러난 허점이기도 했다. 플라톤은 『국가론』에서 완전한 국가를 구성하기 위해 순수 참된 것들만을 지향하다가 결국 호메로스와 같은 시인들을 자기의 이상 국가에서 제거해야 한다고 주장했던 것이다. 그 이유는 신화 같은 것을 읊조리는 시인들을 허황된 거짓을 말하는 자들로 여겼기 때문이다.114)

근대 민주주의 사상의 기초를 성립시키는 데 기여한 장 자크 루소(Jean Jacques Rousseau)에게서도 종교, 정치적인 면에서 전제적 위험을 내포하는 아이러니를 발견할 수 있다. 즉 루소는 칼뱅 종교개혁의 터전인 제네바공화국의 성립과 발전으로부터 영감을 얻었을 『사회계약론』에서 자신이 주장하는 새로운 정치체제에서 시민의 종교를 따르지 않는 사람들을 모두 추방해야 한다고 주장했다. 그러므로 프랑스 혁명의 중요한 가치 중 하나로 발전된 관용의 논리는 광신주의를 배격한 볼테르로부터 발전된 것이다.

그런데 근세 초 잉글랜드에서는 아직 정치와 종교가 분리되지 않았기에 국교회가 '정통' 종교를 확립하려는 노력이 전제적 지배로 나아가기 쉬웠다. 한편으로는 모든 지식의 토대가 되려는 종교적 지식의 경향과 더불어 성직자들이 그 종교적 지식을 정치적으로 널리 확장시키려 했기 때문이다. 또 한편으로는, 종교적 지배력을 통치력의 확대 수단으로 이용하려는 왕의 이해관계까지 작용해서 폭력으로 그 억압을 더 강화할 수 있었기 때문이다.

실제로 1638년 찰스 1세와 로드(William Laud) 주교가 잉글랜드 성공회 예배의식서인 공동기도서를 장로교로 개혁된 스코틀랜드에 강제로 적용하려 했을 때, 스코틀랜드 국민은 국민언약(National

Covenant)이라는 결의를 맺고 찰스 1세에게 반란을 일으켰는데, 이 것이 잉글랜드 청교도혁명의 단초가 되었다. 이런 억압적 종교 현 상은 그 피해자이기도 했던 존 번연도 벗어날 수 없었다. 왜냐하면 번연의 『성전(Holy War)』이란 작품을 보면 '영혼의 도성'에서 의 인화된 캐릭터들인 '음란', '간음', '살인', '분노', '육욕', '기만', '사안', '주취', '흥청망청', '우상숭배', '마법', '불화', '겨룸', '분 노', '반목' 들과 더불어 '선동', '이단'이 처형되는 것을 볼 수 있기 때문이다.[115]

이처럼 청교도 비국교파조차 억압적 종교 현상에서 자유롭지 못 했던 원인은 그들 역시 기존의 방식으로 새로운 신정국가적 유토피 아, 즉 완전한 국가를 세우려고 했기 때문이었다. 그러므로 데이비 스(J. C. Davies)라는 연구자가 청교도혁명기에 제기된 양심의 자유 란 도덕률 폐기론이 아니라 효과적인 복종을 위한 양심의 자유로운 운용과 이해를 전제조건으로 삼았다는 점을 지적한 것[116]은 적절한 것이었다. 그런데 사람들이 자신의 양심 운용과 이해를 각자가 믿 는 신(神)의 완전한 법에 따르려고 할 것 같으면 타자의 종교에 대 한 배제나 억압을 피할 수 없다.

다행히도 존 번연이 왕성하게 활동할 수 있게 된 왕정복고 시기 국교회는 혁명의 여파로 그 중심성이 모호해진 것으로 평가된다. 스티븐 테일러(Stephen Taylor)라는 연구자에 따르면 잉글랜드 국 교회의 결정적 특징 중 하나가 왕의 지상권(royal supremacy)에 기 초한 것이었지만 혁명으로 접어들던 1641년에 대권 법정(preroga tive courts)이 폐지된 다음부터는 그 의미가 불분명해졌다고 한다. 이는 주요한 종교관련 법 개정에서 의회의 역할이 커졌기 때문이다.[117] 게다가 찰스 2세나 제임스 2세는 친가톨릭적 입장이었기에 종교적 억압에 적극적일 이유가 없었다. 또 성직자들의 경우는 명예혁명을 겪게 되면서 자신들이 쫓겨난 제임스 2세에게 충성을 바쳐야 할지 아니면 새 왕에게 충성을 바쳐야 할지 혼란한 상황이 된 바도 있었다.

이 상황에서 국교회 성직자 회의(convocation)가 종교 권위에 의지하여 종교 관련 사안에서 법적 주도권을 가질 수도 있었겠지만, 이 역시 의회의 도움이 필요했기에 17세기 중에는 1604, 1640년의 교회법(canon)만 효력을 가질 수 있었고 이후부터는 정기적으로 모임을 가졌어도 아무런 결과를 내지 못했다.[118]

어쨌든 찰스 2세, 제임스 2세의 통치로 이어지면서 제기된 가톨릭에 대한 공포는 왕당파와 휘그파를 연합하게 하여 명예혁명을 일으키게 하였고, 비국교파도 그 과정에 어느 정도 기여한 것으로 평가되었다. 이에 아직 미흡한 것이었지만 비국교파들에 관용법(Toleration Act)이라는 보상이 1689년 5월에 주어졌다. 이제 비국교파들은 그들의 집회소 문을 잠그지 않으면 자유로이 예배할 수 있게 된 것이다. 다만 비국교회파 목사들도 39개조 내용 일부에 대해 지지할 것을 요구받았으며, 비국교파 신자들도 모두 왕에 충성한다는 것과 화체설을 부정한다는 맹세를 하도록 요구받았다.[119] 1691-1710년 동안에만 2,536개의 집회소가 허가되었으며 교구민들은 교회를 선택해 다닐 수 있게 되었다. 이로 인해 국교회 성직자들은 다른 교회들과 경쟁하게 되었다.[120]

한편 일부 역사가들은 당시의 관용이란 아래로부터 일어난 것이지만 사회적 결집이 어려운 상태였고 종교는 배타적, 불관용적이었기에 국가가 인정한 관용만이 최선이었을 것으로 이해했는데, 콜린 제이거(Colin Jager)라는 연구자는 관용이란 상당 부분 근대국가의 도구, 달리 말하면 사회 통제의 새로운 형태였다고 주장했다. 근대 국가의 권력(또는 힘, Power)이 근대 관용의 발전에 중심적이었다는 것이다.

제이거는 그 주원인을 오렌지공 윌리엄과 그의 네덜란드 공화국의 미묘한 줄타기 외교 현실 때문으로 보았다. 당시의 윌리엄은 프로테스탄트 하노버왕국 군대가 프랑스 가톨릭의 침략 위협으로부터 네덜란드 동부를 엄호할 수 있기를 원하는 입장이었다. 그럼에도 그는 자신의 잉글랜드 침략을 잉글랜드 가톨릭 왕의 압제로부터 프로테스탄티즘을 구원한다는 명분을 대외적으로 내세우기가 어려웠다. 이는 네덜란드의 무역활동이 오스트리아, 스페인 등과 같은 가톨릭 국가들과의 우호관계에 의존했기 때문이다. 이에 윌리엄은 한편으로는, 잉글랜드 성공회에 대해서는 자신이 국교회 문제에 관심을 가질 것이며 가톨릭을 엄단할 뜻을 보여야 했으면서도, 다른 한편으로는, 유럽 대륙 국가들에 자신이 가톨릭의 관용에 관심을 가질 뜻을 보여야 했다는 것이다. 윌리엄의 대관식 설교를 맡았던 길버트 버넷(Gilbert Burnet)도 윌리엄이 양심은 하나님의 영역이므로 강제당해서는 안 되는 것으로 생각한다고 보았다.[121]

제이거는 이와 같은 윌리엄의 정치적 필요에 더해 정치사상가 존 로크(John Locke)나 일부 성직자들이 관용의 논리를 제시함으로써 관용의 확대에 도움을 준 것으로 평가한다. 로크는 개인주의적 정치철학을 전개하면서 구원 문제도 사적인 문제로 보고 누구도 타인에게 그 형태를 강요할 수 없다고 생각했기 때문이다. 교회를 자발적인 신도들의 집합으로 여긴 그는 종교를 정치, 사회로부터 분리시키고 종교적 다원주의(pluralism)에 관대해지는 방향으로 나아갔다. 또한, 벤자민 호들리(Benjamin Hoadley)라는 성직자는 윌리엄 앞에서 행한 설교에서 요한복음 18장 36절의 '내 나라는 이 세상의 것이 아니니'라는 예수의 말을 근거로 국가가 양심과 영생의 문제에 관여해서는 안 된다고 주장하였다.[122] 그리고 존 틸로슨(John Tilotson), 에드워드 스틸링플리트(Edward Stillingfleet), 새뮤얼 클라크(Samuel Clark), 리차드 벤틀리(Richard Bentley) 등의 성직자들도 당시에 광교회주의(latitudinarianism)에서 관용에 대한 지적 중심을 형성하였기에 제이거는 1688년 이후 국교회 주교회의가 계몽의 동반자가 되었다고 주장한다.[123] 이런 양상은 종교개혁이 초래한 신앙 혹은 양심에 관한 공적 영역과 사적 영역의 분리 기능을 다룬 위르겐 하버마스(Jürgen Habermas)의 견해를 긍정적으로 생각해 볼 수 있게 한다.[124]

그런데 제이거의 주장은 푸코의 '통치성'(governmentality)이라는 개념에 의지한 것이었다. 즉 그의 연구 관심사 자체가 근대적 통치현상의 발전 과정이었기에 관용의 발전에서의 정치적 관계를 부각시킨 것이었다. 그러므로 근세 초 잉글랜드에서의 관용의 발전에 대한 원인 규명을 그의 입장에만 의존할 수 없다.

근세 초 잉글랜드에서 관용이 발전한 것은 근대적 통치성의 발전에 국한시켜 볼 것이 아니라, 번연과 그의 교우들처럼 비록 자신들의 모순을 피할 수 없음에도 기성 권력의 억압에 저항하여 종교적 자유를 쟁취하고자 한 민중의 실천이 일반 지식인과 성직자 그리고 통치자들을 움직였다는 점을 기억해야 한다. 로크의 정치이론은 관념적인 것이 아니라 비국교파들의 종교적 관용을 위한 투쟁 실천과 분리되어 생각될 수 없다[125]는 점도 기억해야 하는 것이다.

V. 결론

근세 초의 종교개혁으로 가톨릭 교황에 의한 유럽 기독교의 단일 지배체제가 종식되고 개신교를 기반으로 한 새로운 국가들이 등장할 때 잉글랜드도 헨리 8세의 결단에 의해 종교개혁이 추진되고 영국 고유의 정통 기독교 교회 성립이 추진되었다. 이것은 가톨릭 및 청교도와의 경쟁 관계에서 고유의 정통성을 확립해야 했고 이 점에서 왕권에 크게 의존하였다. 달리 말하자면 잉글랜드에서는 종교와 정치적 권력 간의 관계가 견고한 까닭에 정치, 사회적 억압 조치를 통해 국가가 인정한 정통 종교를 강요할 수 있었다. 그러므로 17세기의 존 번연과 같은 비국교파 청교도이자 낮은 신분의 민중은 정통 종교의 억압과 더불어 잔존하는 봉건제의 신분제적 억압을 한꺼번에 감당하여야 했다.

그러므로 존 번연의 『천로역정』과 같은 작품 속 주인공(크리스찬)이 경험한 이 세상에서의 험난한 신앙 여정은 단순히 개인의 내면적 구원을 위한 고군분투의 삶이 은유적으로 표현된 것이 아니었다. 번연과 같은 비국교파 신도들의 실제 삶이 기성 사회, 정치, 종교체제에 의한 억압과 차별을 받으면서 자신의 신앙을 지키기 위해 치열하게 투쟁해야 했던 것이다.

만일 존 번연이 성경 내용 가운데에서 "권세 잡은 자에게 순종하라”는 구절에 구속되어 국교회 신자가 되었다면, 오늘날 그가 역사적, 문예적으로 의미 있는 인물로 기억될 일이 없었을 것이다. 물론 번연을 비롯한 여타의 비국교파들도 타자에 대한 종교적 억압의 위험성을 극복하지 못했다. 그것은 우리 안에서 진리가 명백히 나타날 수 있고 그에 따라 완벽한 도그마도 세워질 수 있다고 믿었던 사고방식의 한계이기도 했다. 그런 한계에도 불구하고 그를 비롯하여 당시의 많은 이들이 억압에 저항하며 정치와 종교를 분리시키려 함으로써 점진적으로 잉글랜드 그리고 세계에 종교의 자유, 더 나아가서 양심의 자유를 진보시킬 수 있었다.

근대사회에서의 이와 같은 관용의 발전 과정은 결국 정-교 분리의 원칙을 통해 발전되었다. 그런데 오늘날 한국사회의 일부 인사들이 종교와 정치를 다시 정략적으로 결속시키려 하고 있다. 물론 종교와 정치가 반드시 분리되어야만 보다 나은 사회를 만들 수 있다는 영원불변의 진리가 있다고 할 수는 없다. 그럼에도 불구하고 근대사의 발전 과정은 정-교 분리가 정-교 일치 사회보다 더 자유로운 세상을 만들었다는 것을 보여 준다.

마지막으로 성경과 철학, 논리만을 다루는 기독자들에게 한 번쯤 생각해 보기를 권한다. 즉 기독교인들이 하나님께서 이 세계의 주인임을 믿는다면, 그리고 인간의 역사도 그가 주관하는 것이라고 믿는다면, 역사 속에서 나타난 자유의 발전도 인간의 삶에 나타난 그의 선한 뜻일 수 있다는 점을 생각해야 하지 않을까?

미주

87) N. H. Keeble, *The Literary Culture of Nonconformity in Later Seventeenth-Century England* (Georgia U.P. 1987), 11.

88) Colin Jager, "Common Quiet: Tolerance Around 1688", *ELH* 79/3(Fall 2012), 569.

89) Avihu Zakai, "Orthodoxy in England and New England: Puritans and the Issue of Religious Toleration, 1640-1650", *Proceedings of the American Philosophical Society*, vol. 135, no. 3(Sep., 1991), 417. 참조하라.

90) *A discovery of 29 Sects here in London* (London, 1641); *A Nest of Serpents Discovered* (London, 1641). Avihu Zakai, "Orthodoxy in England and New England", 409에서 재인용.

91) Christopher Hill, *A Tinker and a Poor Man: John Bunyan and His Church 1628-1688*, (New York: Alfred A Knopf, 1989), 115.

92) Hill, *A Tinker and a Poor Man*, 337, 338.

93) 지방자치단체의 직책을 맡은 자에게 국왕에 대한 충성의 선서를 규정하고 국교회에서 성찬을 받도록 명령한 것으로 1828년에 폐기되었다.

94) 국교회가 통일된 기도서를 사용하도록 정한 국교회 예전에 관한 법령으로 이미 1549년(Edward VI), 1559년(Elizabeth I)에도 선포된 법령이었으며, 이번에 선포된 것은 1662년의 기도서를 채택하게 한 것이었다.

95) 국교회의 관리를 받지 않는 5명 이상의 종교집회를 금지한 법으로 교인들이 왕정복고로 퇴출된 성직자의 설교를 들으려고 자기 교구의 국교회에 불참하는 사태를 막는 조치였다.

96) 당국에 의해 규제를 당한 성직자가 규제된 지역 5마일(약 8킬로미터) 이내에 거주하지 못하도록 규정한 법으로서 비국교파 성직자를 규제하는 데에도 쓰였다.

97) Hill, *A Tinker*, p.112.

98) R. Greaves, *John Bunyan and English Nonconformity* (London: The Hambledon Press, 1992), 73.

99) John Rushworth, *Historical Collections*, vol. II (London, 1721), II, 727. Avihu Zakai, "Orthodoxy in England and New England", 401에서 재인용.

100) 미셸 푸코/김상운 옮김, 『사회를 보호해야 한다』(서울: 동문선, 1997), 131, 132, 135, 136.

101) 임희완, 『영국혁명의 水平派운동』(서울: 民音社, 1988), 36, 86-88.

102) Hill, *A Tinker and a Poor Man*, 112.

103) Greaves, *John Bunyan and English Nonconformity*, 15.

104) John Bunyan, "The Life and Death of Mr. Badman", in *The Works of John Bunyan*, vol. III, ed. G. Offor, 625.

105) 인용된 단어는 킹제임스 버전 영어성경(KJV)의 어휘이다. 그러나 오늘날 다른 영어성경(CEV, NIV)에서는 이 단어가 mind로 번역되어 있다. 한글성경 역시 "마음"으로 번역되어 있다.

106) John Bunyan, "Relation of Bunyan's Imprisonment", in *The Works of John Bunyan*, vol. I., 54.

107) Ibid., 55.

108) Hill, *A Tinker and a Poor Man*, 90, 91; Christopher Hill, *The World Turn Upside Down: Radical Ideas During the English Revolution* (London: Temple Smith, 1972), 210 참조하라.

109) Bunyan, Relation of Bunyan's Imprisonment, in G. Offor, *The Works of John Bunyan*, Vol. I, 56.

110) Bunyan, "Relation of Bunyan's Imprisonment", 56.

111) Ibid., 61.

112) C. Doe, "The Struggler(1698)", in *The Works of John Bunyan*, vol. III, 767.

113) Bunyan, "Relation of Bunyan's Imprisonment", 56.

114) 반면, 아리스토텔레스는 시와 같은 것은 은유를 통해 보편적 진리 문제를 다룰 수 있다고 봄으로써 지엽적인 사실만을 다루는 역사보다 고상한 것이라는 다른 논리를 제시하였다.

115) John Bunyan, "Holy War", in *The Works of John Bunyan*, Vol. III, 320.

116) J. C. Davies, "Religion and the Struggle for Freedom in the English Revolution", *The Historical Journal*, 35/3(1992), 519, 522. 참조.

117) Stephen Taylor, "Center and Periphery in the Church of England in the seventeenth and eighteenth centuries", in *The 1st British-East Asian Conference of Historians* (The Korean Society of British History, 2018), 147.

118) Taylor, "Center and Periphery", 147, 148.

119) Jager, "Common Quiet", 571. 이를 통해 약 50만 명이 그들의 종교생활에 대해 법적 보호를 받을 수 있었다.

120) Ibid., 578.

121) Ibid., 571, 572.

122) Ibid., 573, 574.

123) Ibid., 575, 576.

124) 위르겐 하버마스/한승환 옮김, 『공론장의 구조변동』 (서울: 나남출판, 2001), 90. 그리고 68, 69, 74, 75를 참조하라.

125) Richard Ashcraft, "Essay on Locke's Two Treatises of Government", in *The Great Ideas Today* (Britannica Great Books, 1989), 34. 참조하라.

2부

―――――

차별에 대한 성서학적 접근

5장. 구약은 이방여성을 차별하는가?:
유혹자 프레임에 갇힌 이방여성 다시 보기

박유미(총신대학교 철학박사, 구약신학 전공)

I. 들어가는 말

한국교회는 지금까지 구약성경에 나오는 이방여성에 대해 매우 부정적인 관점을 가지고 있다. 학자들은 구약에 나오는 이방여성들이 이스라엘 남자들을 배교하게 만들었다고 매우 반복적으로 주장한다.126) 또한 신명기 사가들은 이스라엘 왕들의 잘못에 대한 모든 책임이 이방여성들에게 있는 것으로 이해하였는데 이들은 외국인과의 결혼, 특히 이스라엘 남자의 외국인 아내는 이스라엘 신앙을 오염시키고 이스라엘의 궁극적 붕괴의 촉매제 역할을 하였다고 평가하였다.127) 이 중에서 이세벨은 가장 악평을 받은 인물이다. 그녀는 "천성이 폭압적이며 악의적이다. 그녀는 우상숭배와 술수에 탐닉했으며(왕하 9:22), 모든 면에서 악하기 짝이 없었다"거나128) 신명기 7장 1-5절에서 언급된 이방여성을 피해야 한다는 하나님의 명령에 대한 상징적 교훈으로 보면서 그녀가 백성을 잘못된 길로 인도했고 남성 왕의 힘을 전복시켰다고 해석하였다.[129] 이처럼 아합 시대의 영적 타락을 모두 이세벨의 잘못으로 돌리는 해석이 많다. 오메르 세르지(Omer Sergi)는 이세벨의 모습은 이방여성이 이스라엘 남자들을 그들의 신에게서 멀어지게 만들었다는 성경 내러티브에 있는 수많은 다른 이야기를 연상시키는 역할을 한다고 보았다.[130] 또한 설교자들은 이세벨에 대해 이보다 더 혹독한 평가를 한다. "이세벨에 대해 마치 사탄이 하나님을 대적하려고 보낸 여인처럼 하나님의 선지자를 죽이려고 안달하는 사악한 마녀 같은 여성"이거나[131] 이세벨이 구약시대에 가장 악한 여성으로 "음행 및 점술과 주술로 백성들을 미혹하게 하는 미혹자"라고 말하거나[132] "어찌 보면 아합은 아내 이세벨의 사주에 놀아난 철없는 왕이라고 할 수 있겠지만"이라고 보는 반면 이세벨에 대해서는 "잔인한 여자, 표독스러운 여자"[133]라고 평가하기도 하였다.

이렇게 오랫동안 학자들과 설교자들은 이방여성들을 이스라엘의 왕을 유혹하여 우상숭배를 하게 만든 유혹자, 혹은 악을 저지른 악녀로 해석하고 이스라엘이 망한 원인을 이들에게 돌리고 있다. 그런데 더 심각한 문제는 이스라엘 남자와 결혼한 이방여성을 유혹자, 악녀로 해석하는 것이 잠언에서 이방여성을 음녀로 보는 것(잠 2:16; 7:5)과 연결되면서 이방여성에 대해 남성을 죄짓게 하는 유혹자라는 프레임을 강화시켰다는 것이다. 또한 이 프레임은 하와가 선악과를 따서 먹은 창세기 3장 이야기와 결합되면서 여성 전체를 유혹자로 보는 견해를 강화시켰다. 즉, 이방여성을 유혹자로 보는 것이 여성 전체를 유혹자로 보는 것의 근거 중 하나로 사용된 것이다. 그리고 이런 해석이 교회 내에서 여성을 차별하고 혐오하는 근거가 되어 왔다.

그러므로 이 글에서는 열왕기서에 나오는 이방여성에 대한 연구를 통해 열왕기서가 이방여성을 부정적으로 보았다고 평가한 것이 정당한지 알아보려고 한다. 열왕기상에는 4명의 다양한 이방여성들이 나오는데 먼저 부정적으로 해석되는 솔로몬의 아내들과 이세벨에 대해 살펴보려고 한다. 이를 통해 이들의 부정적인 면이 무엇이며 이들의 남편인 왕들이 결혼한 이유와 행동을 통해 왕들을 피해자로 볼 것인지 아니면 적극적 가담자인지 평가해 보려고 한다. 그 다음에는 긍정적인 인물인 스바의 여왕과 사르밧 과부를 통해서 이들이 본문 내에서의 역할을 살피고 이들을 통해 열왕기서가 이방여성에 대해 부정적인 평가와 긍정적인 평가의 균형을 맞추려고 했다는 것을 드러내려고 한다.

II. 부정적인 이방여성과 긍정적인 이방여성에 대한 이해

1. 부정적인 이방여성

이 단락에서는 왕들을 유혹해서 여호와 신앙을 버리고 우상숭배를 하게 했다는 비난을 받는 솔로몬의 아내들과 아합의 왕비 이세벨이 나오는 본문들에 대한 자세한 읽기를 통해 성경 본문이 이방여성을 위험한 유혹자로 보고 있는지 알아보려고 한다.

1) 솔로몬의 아내들(왕상 11장)

11장에서 솔로몬은 여호와의 영광을 드높이던 이전의 모습과는 달리 여호와를 버리고 이방신을 섬기는 모습을 보여 준다. 그리고 11장 1절에서 그 원인을 솔로몬이 수많은 이방여성들과 결혼하였고 그들을 사랑하였기 때문이라고 설명한다. 매튜 헨리(Matthew Henry)는 "이스라엘의 딸들은 너무나 정숙하고 수수했던 반면 이방여자들은 옷이나 분위기와 말투가 음탕하고 흐트러져 있었기 때문이 아닌지 두렵다"134)고 하면서 솔로몬이 이방여성의 유혹적인 모습에 끌려서 결혼했을 것이라고 추측한다. 하지만 고대 근동에서 결혼, 특히 왕의 결혼은 외교적으로 동맹의 수단이었기 때문에 솔로몬은 수많은 이방여성과의 결혼을 통해서 주변국들과의 동맹을 강화하거나 주변국들에 대한 지배권을 강화하려고 하였던 것이다. 그런데 외교적 이익을 위한 결혼은 정치적, 경제적 면에서 끝나지 않고 신앙적인 배교를 가져오게 되었다. 2절에서 "솔로몬이 그들을 사랑하였다"라고 번역된 문장에서 동사 '다바크'는 '들러붙다, 꼭 붙어 있다'라는 뜻으로 원문을 직역하면 "솔로몬이 사랑하므로 그들과 강하게 결합되었다"이다. 즉, 솔로몬은 이방여성들을 매우 좋아했고 이들과 깊은 유대관계를 갖게 되었다는 뜻이다. 이것은 신명기 사가가 이스라엘의 혼합 종교화를 모두 이방여성의 유혹 탓으로 돌렸다고 본 견해135)와 달리 열왕기 화자는 이방여성과 결혼하지 말라는 신명기의 말씀과 솔로몬의 태도를 대조함으로써 솔로몬이 고의적으로 하나님의 말씀을 어겼다는 것을 강조하고 있다. 11장 3절과 4절에서 솔로몬의 아내들이 그의 마음을 돌아서게 하였다고 반복적으로 말하고 있는데 이것은 아내들과 깊은 결속을 가지고 있었던 솔로몬으로서는 당연한 귀결이었다. 이런 솔로몬의 배교 행위에 여호와께서는 심판을 선언하신다. 9절에서 화자는 분명하게 솔로몬이 마음을 돌려 여호와를 떠났다고 평가하였고 여호와께서 그에게 진노하셔서 두 번이나 나타나 경고하셨지만 솔로몬이 여호와의 명령을 지키지 않았다고 밝히고 있다. 이것은 솔로몬의 배교가 잠시 마음이 흔들린 정도가 아니라 하나님의 경고의 말씀을 무시할 정도의 심각한 배교라는 것을 강조하기 위한 것이다. 결국 솔로몬은 하나님의 경고도 무시하며 하나님을 떠난 죄로 인하여 왕국 분열이라는 하나님의 심판을 받게 된다.

이 본문에서 핵심 문제는 이방여성의 유혹이 아니라 이방여성과의 결혼이다. 그것을 분명히 하기 위해 2절에서 이방인과 결혼하지 말라는 신명기 7장 4절을 인용한 것이다. 그러므로 이 본문은 이방여성은 유혹자이기 때문에 현명한 솔로몬도 넘어갈 정도로 위험한 존재라는 것을 강조하는 것이 아니다. 그것보다는 이익을 위해 여호와께서 금지한 이방인과 결혼을 하였고 그 결과 우상숭배를 하게 된 솔로몬의 불신앙을 비판하려는 것으로 해석할 수 있다.

2) 이세벨 왕비(왕상 16:29–33; 18:1–19:2; 21; 왕하 9:30–37)

이세벨은 앞의 예에서 보았듯이 구약에서 가장 악한 여성 혹은 유혹자로 평가받는다. 이에 비해 아합은 인정은 있지만 부인에게 의존하는 결단력과 분별력이 없는 사람[136]으로 여겨지거나 아합이 원래 그렇게 악한 사람은 아니며 단지 그의 아내 이세벨의 유혹에 넘어간 희생자로 평가되기도 한다.[137] 과연 이렇게 이세벨은 유혹자이며 악녀이고 아합은 이세벨의 유혹에 넘어간 희생자로 보는 것이 정당한지 본문에 대한 자세한 읽기를 통해 살펴보려고 한다.

열왕기 화자는 아합이 이전의 모든 사람보다 여호와 보시기에 더욱 악을 행한 인물로 평가한다. 그 이유는 여로보암의 죄를 가볍게 여긴 것과 시돈의 공주 이세벨과 결혼하고 사마리아에 바알 신전을 짓고 바알을 섬겼기 때문이다. 그런데 여기서 특별히 이세벨과의 결혼이 문제가 되는 이유는 열왕기상 21장 25절에서 아합이 가장 악한 왕이 된 것이 아내 이세벨의 충동질 때문이라고 평가하기 때문이다. 이렇게 아합이 이세벨과 결혼한 것이 악하다고 평가받게 된 이유는 첫째, 이세벨이 바알 숭배자라는 것을 알면서도 결혼하였기 때문이다. 당시 시돈 왕의 이름은 엣바알로 '바알이 존재한다'라는 뜻으로 바알 숭배자였고138) 이세벨은 바알의 사제로서139) 바알을 전파하는 데 열정적이었다. 이런 사실을 알면서도 아합은 시돈과의 동맹을 강화하고 교역로를 확보하여 경제적 이익을 얻으려는 목적으로140) 이세벨과 결혼하여 사마리아에 바알 신전을 만들고 자신도 바알을 섬겼다. 즉, 그는 이세벨의 유혹 때문이 아니라 경제적 이익을 위해 자발적으로 바알을 섬긴 것이다. 둘째, 아합이 이세벨이 여호와의 선지자를 죽이는 것을 묵인하거나 용인하였기 때문이다. 이세벨은 이스라엘 안에 여호와 신앙 대신 바알 신앙을 퍼뜨리기 위해 이스라엘에 있는 여호와의 선지자들을 죽였다(왕상 13장). 그런데 이스라엘 안에서 여호와의 선지자를 죽이는 일은 왕의 허락이나 묵인이 없이는 불가능하다. 아합은 엘리야처럼 자신에게 비판적인 예언을 하는 여호와의 선지자들을 싫어했지만141) 백성들의 눈과 여호와께 대한 두려움 때문에 자신이 직접 죽이지 못하고 대신 이세벨이 여호와의 선지자를 죽이는 것을 방관하거나 허락한 것이다. 또한 아합은 갈멜산 사건 후에도 이세벨에게 엘리야가 450명의 바알과 아세라 선지자를 죽였다는 소식을 알려 줌으로써 이세벨이 엘리야를 죽이겠다고 나서도록 충동질한다(왕상 19:1-4). 폴 하우스(Paul R. House)는 이세벨이 아합이 가지고 있지 않은 사나움을 가지고 있고 바알의 선지자들이 가지지 못한 권위와 엘리야가 결코 소유하지 못한 전쟁을 할 만한 생명력이 있었기 때문에 아무도 그녀를 막을 수 없다고 평가하며[142] 이세벨이 선지자를 죽일 수 있었던 이유를 사나운 권력욕이라고 하였다. 하지만 남성 중심의 가부장 문화와 왕에게 권력이 집중된 왕정 국가인 이스라엘에서 왕이자 남편인 아합이 이세벨에게 권력을 주지 않았다면 그녀가 아무리 사나운 성품을 가졌더라도 선지자를 죽일 수는 없다. 그러므로 아합은 이세벨의 손을 통해 자신의 적대자를 제거했다고 보는 것이 타당하다.[143] 셋째, 아합은 자신의 이익을 위해 이세벨이 여호와의 율법을 무시하는 것을 방관하였다. 나봇의 포도원 사건도 아합이 이세벨의 손을 통해 자신이 원하는 것을 얻은 경우이다. 이스라엘 법에 따르면 다른 사람의 땅을 살 수 없다는 사실을 알면서도 아합은 나봇의 포도원을 탐냈다. 하지만 나봇은 여호와께서 금하시는 일이라고 말하며 땅 파는 것을 거절하였고 그럼에도 불구하고 아합은 나봇의 포도원을 포기할 수는 없었다. 우리말에서 '아합이 근심하고 답답하여 왕궁으로 돌아와'로 번역된 문장은 직역하면 '아합이 시무룩하고 성나서 그의 집으로 돌아왔다'이다. 이 문장은 열왕기상 20장 43절에서 아합을 규탄하는 선지자의 심판 선언을 들은 후의 아합의 반응을 표현한 것과 같은데 나봇의 말에 승복할 수 없는 아합의 마음 상태를 표현한 것이다. 그렇기 때문에 아합은 돌아와서 침대에 싸고 누워 밥도

먹지 않고 불쾌감을 표시하고 있다. 그리고 아합은 왜 이러냐는 이세벨의 질문에 더 좋은 포도원을 주겠다는 제안을 나봇이 거절해서 화가 났다고 답한다. 아합의 말을 들은 이세벨은 이런 아합의 모습에 대해 '당신이 지금 이스라엘의 왕권을 가지고 있지 않습니까?'라고 묻는다. 이것은 당신이 왕인데 왜 왕 마음대로 못하느냐는 의미이다. 왕이 절대 권력을 행사하는 시돈의 공주인 이세벨의 생각엔 왕이 하고 싶은 일을 못 하고 전전긍긍하는 것을 이해할 수 없기 때문이다. 그렇기 때문에 이세벨은 "내가 당신에게 이스라엘 사람 나봇의 포도원을 주겠다"고 말한다. 이세벨은 '내가'라는 주어를 사용하여 자신이 반드시 해 주겠다는 믿음직한 모습을 보여 준다. 7절은 '당신'과 '내가'라는 대조를 통해 아합의 무능과 자신의 할 수 있음을 강조하고 있다. 그런데 아합은 합법적인 방법으로는 나봇의 포도원을 가질 수 없다는 사실과 포도원을 가지려면 이세벨이 여호와의 율법을 어기는 불법적인 방법을 사용해야 한다는 것도 알고 있었지만 이세벨을 말리지 않았다. 이세벨의 손을 통해서라도 포도원을 갖고 싶었기 때문이다. 이세벨은 아합의 이름을 사용하여 편지를 쓰고 아합의 인장을 사용하여 봉인을 한 후 나봇이 사는 지방 관리와 장로들에게 편지를 보내 거짓 증인을 세워 나봇이 하나님과 왕을 저주하였다고 말한 후 돌로 쳐 죽이라고 명령한다. 여기서 이세벨이 아합의 이름과 인장을 사용했다는 것은 아합이 이세벨이 무슨 일을 벌이는지 알고 승인했다는 것을 암시한다. 설혹 몰랐더라도 아합 왕은 이세벨이 이 일에 대해 아무런 질책도 하지 않기 때문에 왕이 이세벨의 행동을 용인했다고 보아야 한다. 결국 나봇은 왕과 하나님을 저주하였다는 거짓 증언에 의해 죽임을 당하게 된다. 이세벨은 이스라엘 땅에서 여호와의 율법을 지키는 척 하나님을 위하는 척하며 여호와의 율법을 철저히 무력화시켰다. 그리고 아합은 이세벨을 통해 나봇이 죽었다는 말을 듣자 이세벨의 명령144)을 따라 일어나서 나봇의 포도원으로 가서 그것을 차지한다. 아합은 이세벨에게 나봇이 어떻게 죽었는지 묻지 않고 오직 포도원을 갖는 것에만 집중하고 있다. 이렇게 아합은 또다시 이세벨의 손을 빌려서 자신이 원하는 것을 얻게 된다. 그러므로 아합은 자신이 원하는 것 혹은 자신에게 껄끄러운 것을 처리할 때 이세벨을 이용하는 매우 영악한 인물로 볼 수 있다.

　그리고 열왕기 화자는 나봇의 죽음에 대한 책임을 이세벨이 아닌 아합에게 돌리고 있다. 나봇의 죽음 이후 여호와께서 엘리야를 통해 아합에게 심판 선언을 하시는데 그 죄목이 바로 나봇을 죽이고 그의 밭을 빼앗은 것이다. 엘리야는 아합에게 '여호와 보시기에 악을 행하는 데 당신 스스로를 팔았다'라고 비판한다. 여기서 '당신 스스로 팔았다'라는 표현은 시돈이 주는 경제적 이익을 위해 이세벨과 결혼한 것을 말하는 것이다. 즉, 여기서도 문제가 되는 것은 아합이 이세벨과 결혼을 했다는 것이다. 그리고 엘리야는 아합과 아합 가문과 이세벨에 대한 심판을 선언한다. 그리고 25절에서 열왕기 화자는 아합을 최종적으로 평가하며 '아합과 같이 자신을 팔아 여호와 앞에서 악을 행한 자가 없었다'는 엘리야 선지자의 말을 반복하면서 이렇게 악을 행한 이유를 그의 아내 이세벨이 그를 충동하였기 때문이라고 말하고 있다. '충동하다'로 번역된 히브리 단어 쑤트는 '유인하다, 선동하다'라는 뜻으로 이세벨은 아합의 잠재된 욕망을 충동질하여 실현하게 만들었다는 의미이다. 그러므로 이세벨이 순진하고 마음 약한 아합을 악으로 이끈 유혹자가 아니라 그의 내재된 욕망을 실현시켜 준 인물로 해석해야 할 것으로 생각한다.

3) 이방여성 아내에 대한 평가

솔로몬의 아내들과 이세벨 왕비는 이스라엘에 부정적인 영향을 준 이방여성들이다. 이들은 결혼 동맹을 통해 이스라엘 사회에 영향을 끼칠 수 있는 왕비라는 높은 신분으로 이스라엘 땅으로 들어와서 살았다. 그리고 이들은 자신들이 섬기는 이방신을 계속해서 섬겨도 좋다는 계약을 하고 결혼을 했기 때문에 이스라엘 땅 안에서 이방신을 위한 신당과 제단과 신상을 만들고 그곳에서 예배를 드릴 수 있는 권리가 있었다. 특히 이세벨은 솔로몬의 아내들보다 적극적으로 여호와의 종교를 탄압하고 바알 종교를 퍼뜨렸다.

이렇게 솔로몬과 아합은 이방 공주들과 결혼하면 이방신과 이방 관습들이 이스라엘에 퍼질 수밖에 없다는 사실을 잘 알면서도 군사적 동맹과 부유함을 얻기 위해 이방 공주들과의 결혼을 선택하였다. 이런 행동은 이방인과 결혼하지 말라는 신명기 율법(신 7:1-4)을 어긴 것이며 여호와께서 물질적 풍요(신 8:18)를 주시고 나라를 지켜 주신다(신 7:17-24)는 신앙을 버린 행동이다. 또한 여호와 대신 물질과 국방력을 얻기 위해 이웃과 동맹을 맺고 우상숭배를 하게 되면 반드시 심판받을 것이라고 선언하셨기 때문에(신 7:26; 신 8:19-20) 솔로몬과 아합이 받은 심판은 하나님의 말씀에 대한 불순종의 결과이다. 그러므로 열왕기의 화자는 이방여성을 유혹자로 규정하고 순진한 왕들이 이방여성의 유혹에 의해 범죄를 저지르게 된 것이 아니라 오히려 눈에 보이는 이익을 위해 여호와의 율법을 어기고 이방여성과 결혼한 왕들의 불신앙을 비판하고 있다.

2. 긍정적인 이방여성

열왕기서에는 부정적으로 평가된 솔로몬과 아합의 이방인 아내들 외에도 다른 두 명의 이방여성이 더 등장한다. 솔로몬을 찾아온 스바의 여왕과 엘리야가 찾아간 시돈의 사르밧 과부이다. 그런데 이들은 이방여성임에도 불구하고 긍정적인 모습으로 그려지고 있다. 이 장에서는 두 여성에 대해 살펴보면서 과연 열왕기가 이방여성에 대해 부정적인 관점을 가지고 있다고 보는 견해가 옳은지에 대해 다시 생각해 보려고 한다.

1) 스바의 여왕(왕상 10장)

열왕기상에서 가장 먼저 등장하는 이방여성은 솔로몬을 방문한 스바의 여왕이다. 그녀는 자신의 나라까지 퍼진 솔로몬에 대한 명성을 듣고 명성이 사실인지 확인하기 위해 방문하였다. 스바의 여왕은 많은 선물과 대규모 사절단과 호위부대를 이끌고 위엄이 넘치는 모습으로 예루살렘에 입성한다. 또한 열왕기상 10장 1-13절은 3절과 13절을 제외하고는 모두 스바의 여왕의 목소리로 진행되는데 이것은 스바의 여왕이 솔로몬과의 대화를 주도하고 있다는 것을 알 수 있다. 이처럼 스바의 여왕은 솔로몬에게 수수께끼[145]를 통해 솔로몬의 지혜를 시험하고 평가하려는 시험관으로 온 것으로, 부유하고 권위가 있으며 주도적이고 적극적인 모습으로 그려지고 있다. 그리고 스바의 여왕은 솔로몬에게 자신이 묻고 싶은 모든 내용을 물어보았다. 그녀는 솔로몬에 대해 무엇이든지 질문할 수 있는 자유와 권위를 가지고 있었다. 그리고 솔로몬은 그녀의 질문과 다양한 의제들에 대해 막힘없이 대답하였다. 또한 스바의 여왕은 솔로몬 궁전에 있는 모든 것을 보게 된다. 솔로몬의 지혜 뒤에 언급된 건축물들과 옷과 음식들은 솔로몬의 지혜의 결과물로 솔로몬의 지혜가 지식뿐만 아니라 그의 통치 영역의 모든 분야에서 발현되고 있다는 것을 표현한 것이다.

이 모든 것을 본 스바의 여왕은 매우 큰 감동을 받았다. 『개역개정』이 "크게 감동되어"라고 번역하였지만 직역하면 '그녀 안에 영이 더 이상 남지 않았다'로 스바의 여왕이 정신이 나갈 정도의 충격과 감동을 받았다는 의미이다. 깊은 감동을 받은 스바의 여왕은 세 가지를 칭찬하는데, 첫째는 솔로몬의 지혜에 대한 칭찬이다. 그는 솔로몬에 대해서 자신이 들었던 소문이 허황되거나 거짓된 것이 아니라 진실하다고 인정할 뿐만 아니라 직접 보니 그 소문보다 더 지혜롭고 많은 복을 누린다는 사실을 알게 되었다고 고백한다. 둘째는 솔로몬의 지혜를 그 앞에 서서 듣는 백성들과 신하들이 복되다고 칭찬한다. 스바의 여왕이 솔로몬의 지혜가 백성을 복되게 만들었다고 인정하는 것은 솔로몬이 하나님께 지혜를 구한 목적대로 올바르게 사용하고 있다는 것을 확인해 준 것이다. 그리고 셋째로 스바의 여왕은 솔로몬을 왕으로 선택하시고 왕위에 올린 여호와를 찬양하며 이렇게 지혜로운 왕을 세우신 이유는 하나님께서 이스라엘을 정의와 공의로 다스리기 위한 것이라고 말한다. 이와 같이 스바의 여왕이 하나님께서 솔로몬에게 지혜를 주신 이유가 백성들을 행복하게 하고 이스라엘을 공의와 정의로 다스리게 하기 위해서라는 사실을 분명하게 드러내고 있다. 이것을 보면 여왕은 솔로몬과 여호와의 관계 그리고 이스라엘과 여호와의 관계에 대한 뛰어난 지식을 가지고 있었다는 것을 알 수 있다. 그리고 열왕기서 화자는 스바의 여왕의 입을 통해 솔로몬의 지혜에 대해 매우 긍정적인 평가를 하며 이런 지혜를 주신 하나님을 찬양한 것이다.

이렇게 열왕기 화자는 스바의 여왕이 비록 이방인 여성이지만 매우 적극적이고 위엄이 넘치며 분명한 자기 목소리를 갖고 솔로몬의 지혜를 시험하고 솔로몬의 놀라운 지혜를 확인해 주고 하나님을 찬양한 긍정적인 인물로 그리고 있다. 그것은 열왕기서가 우리가 이방여성에 대해 일방적으로 부정적인 평가를 하지 않는다는 것을 의미하는 것이다.

2) 사르밧 과부(왕상 17:8–24)

사르밧 과부는 엘리야가 아합에게 기근을 선포하고 도망간 사르밧에서 만난 인물이다. 열왕기상 17장 1절에서 처음 등장한 엘리야는 아합에게 기근을 선포한 후 하나님의 명령으로 사르밧으로 피신한다. 사르밧은 지중해 연안의 두로와 시돈 사이에 있는 성읍으로 아합 왕의 왕비인 이세벨의 고향이며 바알 숭배의 중심지이다. 기근을 선포한 후 하나님께서는 아합에게 사르밧으로 가서 그곳에 머물며 그곳 과부에게 음식을 얻어먹으라고 명령하신다. 그리고 그곳에서 엘리야는 나뭇가지를 줍는 과부를 만나서 그에게 물과 떡 한 조각을 요구하는데 그 과부는 떡 하나를 만들 밀가루와 기름밖에 없으며 이것이 떨어지면 죽을 것이라는 대답을 한다. 생각지도 못한 매우 비참한 과부의 형편을 들은 엘리야는 '두려워 말라'고 안

심시키면서 그런 상황일지라도 자신을 위한 떡을 먼저 만들라고 명령한다. 엘리야가 이렇게 명령하는 이유는 이스라엘의 하나님 여호와께서 지면에 비를 내리는 날까지 통의 가루와 병의 기름이 떨어지지 않을 것이라고 말씀하셨기 때문이다. 엘리야는 선지자로서 시돈의 사르밧 과부에게 이스라엘 하나님의 말씀을 전달하였고 사르밧 과부는 엘리야의 말대로 행하였고 정말로 통의 가루와 병의 기름이 떨어지지 않는 하나님의 놀라운 기적을 경험하였다. 그녀는 엘리야에게 마지막 남은 **빵**을 주어 엘리야를 살렸고 그 보답으로 엘리야는 사르밧 과부와 그의 아들을 살린 것이다. 이렇게 사르밧 과부는 비록 이방여성이지만 여호와 선지자 엘리야를 통해 임한 여호와의 말씀을 믿고 행한 믿음의 인물이며 그 믿음으로 인해 여호와의 놀라운 축복을 경험하게 된다.

하지만 이야기는 이렇게 끝나지 않고 사르밧 과부는 더 놀라운 기적을 경험하게 된다. 이렇게 같이 지낸 지 얼마 후 사르밧 과부의 아들은 병에 걸려 점점 위중해지다 결국 죽게 된다. 엘리야와 그의 하나님이 자신의 집에 생명과 기적을 가져온 줄 알았던 사르밧 과부는 아들이 죽자 엘리야와 그의 하나님이 자신의 죄를 들추어내어 자신의 집에 죽음과 심판을 가져왔다며 원망한다. 여기서 사르밧 과부는 아들의 죽음을 자신의 죄에 대한 하나님의 심판으로 본 것이다. 이런 과부의 비난에 엘리야는 아무 말도 하지 않는다. 왜냐하면 그는 그녀의 생각에 동의하지 않기 때문이다.[146] 대신 엘리야는 아이를 달라고 하여 그 아이를 품에 안고 2층에 있는 자신의 방으로 데려가 눕히고 과부의 말을 반복하면서 정말 하나님께서 자신이 거하는 집 과부의 아들을 죽이는 재앙을 내리셨느냐고 묻는다. 하지만 이 질문은 수사적 질문으로 그는 과부의 집에 생명과 기적을 주신 하나님께서 심판을 내리실 리 없다고 생각했기 때문이다. 그러고 나서 아이의 몸에 세 번 자신의 몸을 펴서 엎드리며 여호와께 아이의 혼이 돌아오게 해 달라고 간절히 외쳤고 기적같이 아이가 살아났다. 엘리야는 살아난 아이를 사르밧 과부의 품에 돌려줌으로써 여호와가 심판을 위해 그녀에게 오신 것이 아니라 생명을 주기 위해 오셨음을 다시 한번 알려 주었다. 죽은 자를 살리신 것은 어떤 신도 할 수 없는 기적으로 하나님께서는 바알 숭배의 중심지에서 자신이 온 세상의 주인이며 생명의 주권자이시다는 것을 분명히 천명하신 것이다.

그리고 다시 살아난 아이를 다시 품에 안는 기적을 맛보게 된 과부는 그 놀라움과 감사함을 여호와께 대한 신앙고백으로 표현한다. 그녀는 "내가 이제야 당신은 하나님의 사람이요 당신의 입에 있는 여호와의 말씀은 진실한(에메트) 줄 아노라"라고 고백하며 여호와를 찬양한다. 즉, 사르밧 과부는 엘리야가 참선지자라는 것을 증명해 준 것이다. 여기서 '진실'(에메트)이라는 단어는 스바의 여왕이 솔로몬의 놀라운 지혜를 확인한 후 6절에서 "내가 들은 소문이 사실이로다(에메트)"라고 말할 때도 동일하게 사용된 단어이다. 즉, 사르밧 과부는 스바의 여왕이 솔로몬의 지혜가 진실하다고 확인해 준 것처럼 엘리야가 참선지자라고 확인해 준 것이다.

3) 스바의 여왕과 사르밧 과부의 평가

스바의 여왕과 사르밧 과부는 여왕과 과부라는 엄청난 신분의 차이는 있지만 두 인물은 공통점이 있다. 첫째는 둘 다 이스라엘 땅에 살지 않았다는 것이다. 스바의 여왕은 솔로몬과 결혼을 한다거나 이스라엘에 머문다거나 하지 않고 잠시 방문하고 떠나간 완전한 외부인이라는 것이다. 그리고 사르밧 과부는 이스라엘에 들어온 적도 없는 시돈에 사는 이방인이다. 그렇기 때문에 이 두 이방여성은 이스라엘에 어떤 위협도 되지 않았다. 그리고 둘째는 둘 다 하나님을 만났고 여호와의 능력을 인정하고 찬양한 인물이라는 것이다. 스바의 여왕은 솔로몬의 놀라운 지혜를 통해서 하나님을 만났고 사르밧 과부는 엘리야를 통해 생명의 기적을 맛보았으며 이를 통해 엘리야의 입에서 나온 여호와의 말씀이 진실하다고 여호와를 송축하였다. 이렇게 이 둘은 비록 이방여성이지만 여호와를 만났고 여호와의 기적을 경험하고 여호와의 영광을 찬양한 매우 긍정적인 인물들이다.

Ⅲ. 나가는 말

그동안 많은 학자들과 설교자들은 이방인 아내들이 순진한 솔로몬이나 아합을 유혹하여 이방신을 섬기게 했다고 해석하면서 이방여성을 유혹자라고 비난하였다. 그리고 이런 해석을 통해 이방여성에 대한 혐오 더 나아가 여성에 대한 혐오와 차별을 공고히 하는 수단으로 삼았다. 하지만 앞에서 보았듯이 열왕기서는 특별히 이방여성에 대해 차별적이거나 혐오적 시각을 가지고 있지 않다. 그 이유는 첫째, 열왕기서는 이방여성과의 결혼의 책임을 왕들에게 묻고 있기 때문이다. 왜냐하면 여호와의 명령을 받고 이것을 지키고 행할 의무를 받은 사람은 이스라엘의 왕들이기 때문이다. 만약 왕들이 여호와의 율법을 온전히 따랐다면 이방공주와 결혼하는 일도, 이방여성들이 이스라엘 땅에 들어와서 사는 일도, 이방신을 가져오는 일도 없었을 것이기 때문이다. 둘째, 여호와를 찬양하는 이방여성들이 등장하기 때문이다. 이것은 모든 이방여성들이 유혹자이며 이방신을 퍼뜨리는 위험한 인물이 아니라는 것을 나타내는 것이다. 스바의 여왕은 솔로몬에게 주신 여호와의 지혜를 목격한 증인으로 그리고 사르밧의 과부는 여호와의 명령을 따르며 그의 권능을 목격한 증인이며 엘리야를 참선지자로 인정한 긍정적인 역할을 하였기 때문이다.

이렇게 열왕기서는 같은 시대에 긍정적인 이방여성과 부정적인 이방여성을 한 쌍으로 등장시킴으로써 이방여성에 대한 균형 잡힌 시각을 보여 준다고 하겠다. 이것은 이방여성이라는 존재와 이방여성과의 결혼이라는 것을 분리해서 생각해야 한다는 것을 우리에게 알려 주는 것이다. 다시 말하면 열왕기서는 이방여성이라는 존재 자체를 부정적으로 보는 것이 아니라 이방여성들 중에 왕들과 결혼하여 이방신을 이스라엘 땅으로 가지고 들어온 왕의 부인들에 대해서 경계를 하고 있는 것이다. 그리고 이런 경계를 통해서 이스라엘에 우상이 퍼지고 죄를 범하게 된 원인이 이방여성들과 결혼한 왕들의 불순종이라는 것을 드러내는 것이다.

그동안 이런 해석이 많지 않았던 것은 남성 해석자들이 남성들의 연약함으로 범죄를 행했음에도 불구하고 그 책임을 여성에게 전가하는 남성 중심적인 해석을 했기 때문이다. 하지만 열왕기서의 이방여성에 대한 자세한 읽기를 통해 알 수 있는 것은 열왕기서는 이방여성을 유혹자로 보는 프레임을 거부한다는 것이다. 이방여성이라는 존재 자체는 긍정적일 수도 부정적일 수도 있다. 여호와 편에서 여호와를 찬양하는 이방여성은 긍정적이고 이스라엘 안에 이방신을 퍼뜨리고 여호와의 율법을 어기는 이방여성은 부정적으로 평가된다. 그런데 이 평가 기준은 이방여성뿐만 아니라 모든 이스라엘의 남성과 여성에게도 적용된다. 이스라엘 사람도 여호와를 믿고 여호와를 찬양하면 긍정적으로 평가되지만 우상을 섬기고 율법을 어기면 부정적으로 평가되는 것이다. 솔로몬과 아합이 이런 경우에 해당된다. 이렇게 이방여성을 부정적으로 보는 것은 이방인이라는 존재에 대한 차별과 여성이라는 존재에 대한 차별과 혐오가 포함된 시각이다. 그리고 그동안 교회 남성들은 이방여성들을 포함한 모든 여성들에게 유혹자라는 프레임을 씌워 차별하고 혐오하였다. 하지만 본 글에서 보듯이 인간은 그 존재의 방식이 아니라 그들의 행위로 평가되고 인정되어야 한다. 그러므로 이제 이방여성은 유혹자라는 편파적인 시각을 걷어 내고 그 사람의 행동을 통해 정당하게 평가해야 하며 그렇게 할 때에만 여성도 이방인도 그 누구도 차별받지 않는 평등하고 평화로운 교회공동체가 될 수 있을 것이라고 생각한다.

미주

126) Frederick E. Greenspahn, "A Typology of Biblical Women", *Judaism* 32(1983), 49.

127) Sergi Omer, "Foreign Women and the Early Kings of Judah: Shedding Light on the Historiographic Perception of the Author of Kings", *ZAW* 126(2014), 442.

128) 매튜 헨리/장충하 옮김, 『열왕기상하: 매튜 헨리 주석』 (서울: 크리스천다이제스트, 2009), 225.

129) Bradley L. Crowell, "Good Girl, Bad Girl: Foreign Women of the Deuteronomistic History in Postcolonial Perspective", *Biblical Interpretation* 21(2013), 13.

130) Sergi, 윗글, 442.

131) 정연숙, "이세벨, 하나님을 대적한 사악한 여인(1)", 뉴스앤조이(2007.4.5.), http://www.newsnjoy.or.kr/news/articleView.html?idxno=20661

132) 김에스더, "여자들아, 이렇게 복종하라(5): 이세벨", 본헤럴드(2016.7.25.), http://www.bonhd.net/news/articleView.html?idxno=796

133) 최원준, "최원준 목사의 Talk Talk 열왕기 15: 이세벨", 온누리 신문(2015.7.5.), http://news.onnuri.or.kr/board/board_view.php?Mode=1&BoardID=12&ViewType=T&page=1&BoardSeqNo=15417&pagesize=48&SortOrder=Asc&mnuBookNumber=0&search_what=title&keyword=

134) 매튜 헨리, 윗글, 145.

135) 이영미, "이세벨 이야기 다시 읽기", 『한국여성신학』 54 (2003, 9), 112.

136) 채은하, "피의 전쟁을 부른 이세벨 왕후", 전북중앙(2003.3.25.), http://www.jjn.co.kr/news/articleView.html?idxno=118146#092a

137) 이태훈, 『열왕기상: 어떻게 설교할 것인가』, 목회와신학편집부 엮음 (서울: 두란노아카데미, 2008), 330.

138) 여기서 시돈 왕의 이름이 '엣바알'인데 이 말은 페니키아적 종교를 축하하는 말로 '바알이 존재한다'라는 뜻을 가진다. 시몬 J. 드브리스/김병하 옮김, 『열왕기상』 (서울: 솔로몬, 2006).

139) Lissa M. Wray Beal, *1 & 2 Kings* (Downers Grove, Illinois: InterVarsity Press, 2014), 225.

140) 참조, Crowell, 윗글, 11.

141) 아합은 엘리야가 재앙을 가져왔다며 가뭄에 대한 책임을 그에게 돌리고 비난하였다(왕상 18:17).

142) Paul R. House, *1 & 2 Kings* (Nashville, Tenn.: Broadman & Holman, 1995), 222.

143) 이형원도 엘리야를 해쳤다는 원망을 듣기 싫어 이세벨에게 교묘하게 떠맡기는 고단수의 정치가로 해석한다. 이형원, 『열왕기상: 어떻게 설교할 것인가』, 목회와신학편집부 엮음 (서울: 두란노아카데미, 2008), 315.

144) 원문에서 이세벨은 아합에게 "일어나라 차지하라"(쿰 레쉬)고 명령형을 사용하고 있다.

145) '어려운 문제'로 번역된 히브리어는 '히다'로 기본적인 뜻은 '수수께끼'이다. 고대 근동에서 수수께끼는 지혜를 드러내는 하나의 방편으로 시편 78:2에서는 '잠언, 혹은 비유'라는 뜻의 '마샬'과 동의어로 등장한다. 그리고 잠 1:6에서 '잠언과 비유와 지혜 있는 자의 말과 그 오묘한 말'이란 잠언의 카테고리를 나열하는데 여기서 '오묘한 말'이 바로 '히다'이다. Toni Tidswel, "A Clever Queen Learns the Wisdom of God: The Queen of Sheba in the Hebrew Scriptures and the Qur'an", *Hecate* 33(2007), 50.

146) Walter Brueggemann, *1 & 2 Kings* (Macon, Ga.: Smyth & Helwys, 2000), 212.

6장. 그녀를 창녀라 불렀다:
레이블링으로 차별하기

유연희(뉴욕 Union Theological Seminary 철학박사,
구약성서 전공)

I. 들어가는 말

성서에서 문화 규범에 어긋나는 여성이 특정 명칭으로 불리며 차별당하고 배제당했을 가능성이 있을까? 우리는 '창녀'라는 명칭에 초점을 두고, 성서에서 이 명칭이 붙은 여성 중 실제 직업이 창녀라기보다는 당시의 사회 규범에 맞지 않았기 때문에 그렇게 불린 경우에 대해 생각해 보려고 한다.147) 우리가 다룰 성서 본문은 소위 솔로몬의 재판에 나오는 두 여자 이야기(왕상 3:16-28)이다. 여기서 두 여자는 '창녀'이고 소송하는 적인 양 나오는데, 우리는 그들이 적이 아니라 서로 가까운 가족과 같은 사이이며 '창녀'는 규범에 어긋난 이들의 생활양식 때문에 공동체가 차별하기 위해 붙인 레이블링(labeling)일 것이라고 주장할 것이다.

열왕기상 3장에 등장하는 두 '창녀'의 언행과 생활양식을 이해하는 데에 있어서, 아래에서 다룰 바와 같이 사회학자들이 연구한

'꼬리표 달기'(tagging), '레이블링', '스티그마'(stigma) 개념이 도움이 될 수 있다. 이들 개념은 규범을 강화하고 공동체 구성원을 통제하는 효과로서 20세기 초반 이래 많은 연구의 주제가 되었다. 꼬리표를 붙이는 것은, 당사자에게 부정적인 정체성을 부여하고 다양한 사회적 영위에서 배제하는 권력작용의 기능을 한다. 일찍이 '꼬리표 붙이기'라는 말을 처음 명명한 프랭크 태넨바움(Frank Tannenbaum)은 비행 청소년들을 연구하며 부정적인 꼬리표나 라벨이 종종 더 많은 비행을 낳는다는 것을 관찰했다. 이것은 흥미롭게도 직관에 반하는 현상인데, 꼬리표나 라벨이 붙으면 자신의 정체성의 일부로 받아들이게 되고 이 꼬리표에 주의를 기울일수록 그 사람은 자신의 정체성을 더욱 그렇게 형성한다는 것이다.148)

하워드 베커(Howard Becker)는 레이블링 개념으로 이런 관점을 더 발전시켰다. 어떤 행동이 처음부터 일탈인 것이 아니라 사회 그룹이 먼저 규칙을 정한 후 그 규칙에서 벗어나는 행동을 일탈이라 부르고, 그 행위자에게 국외자(outsider)라는 라벨을 붙인다는 것이다. 베커에 의하면, 사회는 이런 정죄를 합리화하려고 라벨을 붙이는 반면, 일탈자는 자신의 행동을 합리화하기 위해 그 라벨을 사용한다. 즉, "일탈 행동은 결국 일탈의 동기를 낳는다."149)

'낙인'(stigma)도 같은 맥락에서 작용하는데, 이는 한 사람의 자아 개념과 사회 정체성을 바꾸는 강하게 부정적인 라벨이다. 어빙 고프만(Erving Goffman)은 사람들이 벗어난 정체성을 어떻게 받아들이는지 그 과정을 연구하기보다는 그 정체성을 관리하고 그 정체성에 대한 정보를 통제한 방식들에 대해 탐구했다. 예를 들면, 일반인과 낙인자가 서로 대화하려고 대면할 때 사회학적으로 중요한 장면이 되는데, 둘은 낙인의 원인과 결과를 직접 직면하게 된다.[150] 즉 낙인은 상호작용 속에서 발생한다. 또한 고프만에 따르면, 일반 인에게 생각할 필요가 없는 일상이 낙인자에게는 관리 문제가 될 수 있으며, 숨은 낙인이 있는 사람은 늘 가능성을 조사하며 사회 상황에 깨어 있어야 하고 주변의 단순한 사회로부터 소외되어 있다.[151]

열왕기상 3장 속의 두 여자가 몸담았던 사회는 이들을 '창녀'라 고 불렀다. 직업이든 소외시키는 명칭이든 이 말이 부정적으로 작 용하는 것은 마찬가지이다. 두 여자의 어떤 모습이 '창녀'라는 라벨 을 내재화하고 그에 '걸맞은' 행동과 생활양식을 더욱 강화한 것일 까? 주변의 단순한 사회로부터 이들이 소외된 모습은 어떻게 나타 날까? 이러한 질문은 이 글에서 탐구하려는 관심사 중 일부이다.

Ⅱ. 고대 이스라엘에서의 창녀, 매춘, 문란함에 대한 이해

우리가 '창녀'에 대해 다루므로 성서가 말하는 창녀, 매춘, 문란 함의 개념에 대해 간단히 짚어 볼 필요가 있다. 이 세 단어는 '간음 하다', '매춘하다', '매춘부가 되다'(to commit fornication, be a harlot)를 뜻하는 동사 '자나'에서 나왔다.[152] 한글 성서에서 이 동 사는 '음행하다', '행음하다', '음란하다' 등으로 주로 번역되었고, 명사('조나')는 '창기', '기생', '음녀', '창녀', '음란한 여자'로 번역 되었다. 이 어근은 구약성서에 93회 사용되었는데, 이와 관련하여 흥미로운 것은 매춘 행위 자체나 창녀의 생활방식을 묘사하기보다는 이스라엘이 이방신을 섬기는 것과 이방의 나라를 은유적으로 비난할 때 훨씬 더 빈번하게 쓰였다는 점이다.153) 여기서 주지할 것은 남성 청중, 곧 이스라엘의 배교를 여성 은유로, 곧 남성 이스라엘이 창녀와 같다고 표현한 점이다(예를 들면, 호세아, 예레미야, 에스겔).

성서는 고대 이스라엘 사회에 매춘제도가 있다는 것을 부인하지 않고, 이 제도 자체를 문제 삼지도 않는다.154) 버드에 의하면, 여성 매춘은 가부장제 문화에서 남성의 상호 충돌하는 요구를 수용한다.155) 그 상충하는 요구란, 한편으로 아내의 섹슈얼리티를 배타적으로 통제하려는 것과 다른 한편으로 다른 여성에 대한 성적인 접근을 원하는 것이다. 창녀는 남성의 권위 아래 있지 않으므로 보통 법적으로 자유 시민의 지위와 권리를 갖는다. 창녀는 공간, 시간, 거주지, 행동 양식, 외모 면에서 일반 기혼여성과 대조된다. 그녀는 집안이 아니라 거리와 공공장소에서 고객에게 접근하고, 외곽에 산다.156)

버드에 의하면, 예나 지금이나 매춘제도의 보편적 특징은 양가성의 태도이다. 창녀는 용인하나 낙인을 찍고, 원하지만 배척한다. 창녀의 사회적 지위는 무법자는 아니지만 따돌림을 당하는 사람이고, 불명예스러운 사회 구성원이다. 버드는 이런 양가성의 가장 이른 예 중의 하나를 길가메시 서사시(기원전 2100년)에서 발견한다. 짧게만 인용하자면, 먼저 엔키두는 죽음을 앞두고 야생에서 성장한 자신을 문명으로 이끈 창녀를 저주한다.157)

"오라 창녀여, 내가 (너의) 지위를, 영원히 끝나지 않을 지위를 세우겠다. … [너의 애인들이] 너의 매력에 만족했을 때 (너를) 버리기를 … 거리의 [어두운 모퉁이]가 너의 집이 될 것이고, 성벽의 그림자가 네 자리가 될 것이다…." 그러나 샤마쉬가 엔키두를 탓하며 창녀 덕분에 좋은 옷과 길가메시와의 우정을 누렸으니 고마워해야 한다고 하자, 엔키두는 인정하고 이번에는 창녀를 축복한다. "[네 애인이(?)] (항상) (네게) 돌아오기를 [멀리서부터라도], [왕, 왕자]들과 귀족들이 [너를] 사랑할 것이다. 아무도 (너를 모욕하려고) 그의 허벅지를 때리지 않을 것이다. [네 위로 노인이] 수염을 흔들 것이다. … [젊은이가(?)] 너를 위해 허리띠를 풀 것이다. [그래서 네가 그에게서 받을 것이다(?)] 보석과 금을…."

이런 양가성 때문에 창녀라는 말은 일련의 의미, 이미지, 태도, 연상을 불러일으킨다. 열왕기상 3장의 화자가 두 여자를 창녀라고 소개하며 시작할 때 독자는 이미 부정적인 판단을 내린 채 이야기를 대하게 된다.

그런데 히브리어 용법은 창녀와 간음자(fornicator)를 구분하기도 하지만 연결하기도 한다. 히브리어 명사 조나는 자나의 칼(Qal) 여성분사로 '창녀'라는 직업을 가리키거나 '여자'(이샤)와 동격으로 쓰인다(이샤 조나, 즉 여자 창녀). 히브리어 개념에서 창녀는 결혼 상대가 아닌 남자와의 성적인 행동으로 규정되는 직업, 문란하거나 정숙하지 않은 여자, 또는 습관적인 간음자를 가리킨다. 이 개념은 우리의 본문인 열왕기상 3장에 나오는 두 '창녀'를 이해하는 데 도움이 된다. 이는 현대에도 '창녀' 낙인이 어떻게 성 노동자만이 아니라, 젠더 규범에서 벗어난 다양한 여성을 성적 '일탈자'로 간주하는데, 이는 젠더의 작용력에 관한 연구들이 지적하는 바와 같다.158) 같은 맥락에서 버드는 성서에서의 창녀와 간음이, 남성의 참여가 필수적으로 포함되어 있음에도 불구하고, 근본적으로 여성의 프로필이라고 지적한다.159) 이런 불균형은 가부장제 사회의 특징이고 젠더 역할, 가치, 의무에서의 비대칭과 이중 잣대를 보여 준다.

열왕기상 3장의 재판 이야기는 매춘 상황이 아닌데도 두 여자를 '창녀'라 부른다. 그들이 규범에 어긋나는 생활양식과 태도를 가졌기에 공동체가 그들에게 스티그마를 붙여 차별하기 위해 그렇게 부르는 것인지 이제 본문에서 살펴보기로 한다.

Ⅲ. 여성만으로 이룬 가족(왕상 3:16-28)

열왕기상 3장 16-28절에는 왕 앞에 선 두 여자의 이야기가 나온다. 두 부분으로 된 이야기를 요약하면 이러하다. 전반부에서는 여자들만의 대사가 오간다. 여자 1은 소송에 나온 이유를 설명하는데, 여자 2가 자신의 아기를 가져갔다고 주장한다. 두 여자는 한집에 살고 비슷한 때에 각각 아들을 낳았다. 여자 1은 여자 2가 자면서 아들을 눌러 아들이 죽게 되자 자신의 아들과 바꿔치기 했다고 주장한다. 그러나 여자 2는 부인한다. 후반부에서 왕이 이 소송을 다룬다. 그는 신하에게 칼을 가져와 산 아이를 반으로 잘라 각자에게 반씩 주라고 명한다. 그러자 아이의 생모가 나서서 아이를 자르지 말고 다른 여자에게 주라고 한다. 다른 여자는 아이를 자르라고 말한다. 왕은 아이를 한 여자에게 주라고 명하고 재판을 마친다.160)

화자는 두 여자를 '창녀'로 소개한다. 본문에는 이 명칭과 관련하여 더 이상의 설명이 없기 때문에 두 여자의 직업이 정말로 성매매인지는 확실치 않다. 이들은 한집에서 함께 살고, 남성과의 법적 혼인과 관계없이 각각 임신했다. 본문은 법정이라는 공적인 공간에서 이 여자들을 대표하는 남자들에 대해 언급하지 않는다. 이 여자들은 스스로를 대표하고 목소리를 내므로 일반 기혼여성과는 다르다. 고대 이스라엘 사회에서는 아버지, 남자 형제, 남편 또는 아들이 있어야 정상적이고 규범적인 가족이었고, 이 남성 일원이 법정과 같은 공적 영역에서 가족 및 여성을 대표하여 나섰다. 이 여자들은 창녀라는 라벨이 붙었는데, 이 라벨은 사회적 계급 면에서 또는 도덕적 순수성 면에서 판단하는 것이었다. 이런 연유로 지금까지 독자들은 두 여자에게 온전히 귀를 기울이지 못하고, 왕의 입장에서 이야기를 해석했을 수 있다.

두 여자는 총 13개 절 중 9개의 절에 등장하고 적극적인 말과 행동의 주체로 나오므로 이야기에서 중심적이다. 먼저, 두 여자의 긴 대사는 한동안 왕의 말문을 막는다. 왕의 첫째 대사(3:23)도 여자들의 대사를 단순히 반복한 것이다. 왕의 역할은 칼을 사용하기로 결정한 때에야 두드러진다. 그러나 그런 상황에서도 여자들은 가만히 있지만은 않는다. 한 여자는 자신의 아이를 왕이 살리게 만들고, 다른 여자는 명령형으로 왕에게 저항한다. 성서 독자들은 이렇게 본문에서 중심 역할을 하는 두 여자에게 그동안 왜 주의를 기울이지 않았을까?

1. '창녀' 레이블링을 강화하는 전통적인 해석

지금까지 이 본문은 '솔로몬의 지혜로운 재판 이야기'로 전통적으로 해석되어 왔다. 그러나 솔로몬 왕이 어려운 송사를 지혜롭게 해결한다는 이 해석은 너무 단순하여 본문 속의 많은 모호한 요소를 다 담아내지 못한다. 왕은 왜 처음에 말한 여자 1의 말이 맞는

지 진위를 가리지 않는가? 그녀가 옳다면 살인자에 대한 판결은 왜 없는가? 왕은 왜 아이를 그저 한 여자에게 줄 뿐 생모를 찾지 못하는가? 왕은 왜 칼을 사용하는가? 미천한 신분의 두 여자는 왕보다 말이 많고 적극적인 반면, 왕은 왜 말도 적고 성급하게 심판하는가? 학자들은 이러한 질문과 씨름하며 상충하는 답변을 내놓기도 했다.161) 지면상 우리는 이러한 질문들을 다루는 대신, 전통적인 해석이 두 여자에 대한 편견과 차별을 강화해 왔다는 점을 지적하고자 한다.

첫째, 전통적인 해석에서는 앞뒤 문맥에 솔로몬이 등장하므로 재판 이야기 속의 왕을 항상 솔로몬으로 여긴다. 모든 등장인물은 왕조차 익명인데, 자동적으로 솔로몬 왕이라고 생각하는 것은 독자로 하여금 왕의 관점에서 이야기를 읽게 만들고 두 여자에게 주의를 기울이지 않게 한다.

둘째, 전통적인 해석은 솔로몬 왕이 하나님께로부터 방금 받은 지혜로 어려운 송사를 해결한다고 본다(참고 왕상 3:1-15).162) 많은 영어 성서들의 소제목도 'Solomon's Wisdom in Judgment'(NRSV), 'Solomon's Wise Judgment'(NKJV), 'A Wise Ruling'(NIV, OJB)이라고 하여 이를 반영한다.163) 왕이 칭송받고 눈에 띌수록 두 여자는 보이지 않고 들리지 않는다.

셋째, 학자들이 세계의 비슷한 민속 이야기 관점에서 이 성서 이야기를 해석한 것도 두 여자의 중심성을 가린다. 예를 들어, 인도의 한 이야기에서 두 여자가 서로 한 아이의 어머니라고 주장하자, 재판관은 두 여자에게 아이의 양팔을 하나씩 잡고 당기라고 명한다.164) 이런 이야기의 공통점은 친모가 아이를 향한 연민 때문에 아이를 포기할 거라는 모성에 대한 고정관념에 의존하는 테스트이다. 그런데 이러한 접근에서는 여전히 재판관이 주인공이고 그의 지혜가 칭찬받으며, 여성 등장인물은 재판관의 능력과 힘을 드러내기 위해 이용되는 어리석은 미끼에 불과하다.[165)]

전통적인 해석은 수용언어(한국어 같은 현대어)에서의 번역에도 영향을 주었다. 예를 들어, 『새번역』은 22절을 "그러자 다른 여자가 대들었다. 그렇지 않다는 것이었다. 살아 있는 아이가 자기의 아들이고, 죽은 아이는 다른 여자의 아들이라고 우겼다. 먼저 말을 한 여자도 지지 않고, 살아 있는 아이가 자기 아들이고, 죽은 아이는 자기의 아들이 아니라고 맞섰다. 그들은 이렇게 왕 앞에서 다투었다"고 번역한다. 여기서 "대들었다 … 우겼다 … 지지 않고 … 맞섰다 … 다투었다."라는 원문에서 두 번의 아마르(말하다)와 한 번의 다바르(말하다)일 뿐이다. 번역자들은 솔로몬의 지혜를 칭송하는 전통적인 해석 안에 머무르며 두 여자에게서 가족을 볼 수 없었기 때문에, 둘이 서로 싸움닭처럼 다투는 듯한 단어를 택하여 번역했다. 같은 맥락에서 19절도 원문은, "어느 날 밤에 이 여자의 아들이 죽었습니다. 그녀가 그 위에 누웠기 때문입니다."인데, 한글번역은 "그런데 저 여자가 잠을 자다가, 그만 잘못하여 자기의 아이를 깔아뭉개었으므로[…]"(새번역)라면서 여자의 행동을 폭력적으로 묘사한다. 표준국어대사전에 의하면 '깔아뭉개다'는 "무엇을 밑에 두고 짓이겨질 정도로 세게 누르다."이다.[166)] 이 표현은 바로 앞의 번역에서 실수를 뜻하는 표현, '그만 잘못하여'와 모순이 된다. '그 위에 눕다'를 '깔아뭉개다'로 번역한 것도 이 여자에 대한 부정적인 판단과 편견을 담고 있다. 이러한 번역은 전통적인 해석을 더욱 강화하고 성서 독자로 하여금 두 여자에 대해 레이블링 효과를 지속하게 한다.

2. 가까운 사이의 두 여자

두 여성은 언뜻 서로 소송하는 경쟁자로 보이지만 본문을 자세히 읽어 보면 가까운 사이이고 가족이라는 것을 알 수 있다. 지금까지 페미니스트 학자들조차 두 여자를 창녀로 전제하고 연구했을 뿐, 이들이 서로 가까운 사이이고 가족이라고 여긴 연구는 없었다.[167] 해석자들은 두 여자를 성서에 없는 '원고'나 '피고'라는 말로 부르고 생모 찾기에 초점을 두어 두 여자를 서로의 적으로만 보았다. 그러나 이들이 가까운 관계이고 가족을 이룬다는 실마리를 본문에서 아래와 같이 세 가지에서 찾을 수 있다.

첫째, 여자 2는 여자 1에 대해 마음을 쓰는 듯하다. 우리는 여자 2가 여자 1의 주장을 반박할 것이라고 기대한다. 예를 들어, 여자 2는 여자 1의 논리적 모순을 세 가지 부각시킬 수 있었다. 먼저, 여자 1은 여자 2가 아기를 바꿔치기할 때 본인은 자고 있었다고 말한다. 학자들이 흔히 지적하는 대로 사건을 그리 재구성할 수는 있겠지만, 자는 사람이 어떻게 볼 수 있었다는 말인가? 또한 여자 1이 아이에게 수유하려고 아침에 일어났다고 말한 것은 본인에게 별로 유리한 말이 아니다. '아침'을 두 번이나 언급한 것은 아침에 일어나서야 알게 될 만큼 밤에 푹 잤다는 것을 암시한다.[168] 간밤에 아이에게 무슨 일이 있었는지도 모른 채, 또는 아이를 살피지 않은 채 아침에서야 일어난 그녀라면 자신이 아이 위를 누르고도 깨닫지 못했을 수 있다. 끝으로, 여자 1은 행동의 순서를 바꾸어, "내 아들을 자기 품에 누이고 자기의 죽은 아들을 내 품에 뉘였다."(3:20)고 말한다. 여자 2가 아이를 바꿔치기했다면, 순서상 먼저 죽은 아이를 여자 1의 품에 눕히고, 그런 다음 산 아이를 자신의 품에 눕혀야 가능하다. 물론 흥분하여 두서없이 말했다고 볼 수도 있지만, 여자 1의 엉성한 논리가 그녀를 거짓말쟁이로 만들 수 있다.

여자 2는 이러한 여러 모순을 반박하지 않고서 간단하게만 말한다. "살아 있는 아이가 내 아들이고, 죽은 아이가 네 아들이야"(3:22). 여자 2의 침착한 듯한 반응은 우리로 하여금 여자 1의 논리적 모순에 기초하여 사건을 상상하여 재구성하게 한다. 곧 '여자 1은 아침에 자신의 아이가 죽은 것을 발견하고 패닉에 빠진다. 자신이 잘 때 아이를 눌러 죽게 했을 것이라는 점을 부인하고 여자 2가 아이를 바꾸었다'고 믿게 된다. 현실을 받아들이기 어려울 때 인간은 부인(denial)이라는 방어기제를 사용한다. 이 상상이 가능하다면, 여자 2는 여자 1의 큰 실수와 한집에 살던 아이의 죽음 때문에 충격과 상심 속에 있고, 여자 1의 오해에 대해 그렇지 않다고만 말한다. 여자 2의 조용하고 비판적이지 않은 반응과 그리고 아마 슬프고 안타까운 표정 때문인지 여자 1은 처음에 격앙되어 길게 말한 것과 달리, 이번에는 여자 2의 말을 교차 대구적으로 짧게만 반복하여 말한다. "아냐, 산 아이가 내 아들이고, 죽은 아이는 네 아들이야." 둘은 아무래도 적이 아닌 것 같다.

둘째, 두 여자는 각자의 목숨을 걸고 서로의 출산을 돕고 산후 뒷바라지를 했다. 3장 17-18절은 우리의 특별한 주의를 요한다. 먼저 3장 17절 하반절은 '바엘레드 이마 바바이트'로서 문자적인 번역은 "그리고-제가-아이를 낳았습니다 그녀와-함께 집에서"이다.

즉, "제가 그녀와 함께 집에서 아이를 낳았습니다." 다시 말해서, 여자 2는 여자 1의 산파 역할을 했다. 둘은 "함께 아이를 낳았다." 『새번역』의 "제가 아이를 낳을 때에 저 여자도 저와 함께 있었습니다"와 NRSV의 "I gave birth while she was in the house"(그녀가 집에 있을 때 제가 아이를 낳았습니다)는 원문과 다른 느낌을 준다. 이런 번역은 마치 여자 1이 혼자서 출산을 했고, 여자 2는 관망하고 있었던 듯한 느낌을 준다. 『개역개정』의 "내가 그와 함께 집에 있으며 해산하였더니"는 좀 낫지만 여전히 의미가 분명히 드러나지 않는다.

여자 2가 여자 1의 산파 역할을 했다는 것은 다음 절에서 더 분명해진다. 여자 1은 계속해서 말하기를, "제가 출산한 지 사흘째 되던 날, 이 여자도 출산했습니다. 우리는 함께 있었고, 집에 아무도 없었습니다. 집에 우리 둘 말고는"이라고 말한다. 지금까지 학자들이나 일반 독자들은 17절과 18절을 함께 뭉쳐서 그저 집에 사건의 증인이 될 만한 사람이 없었다는 뜻으로만 받아들였다. 그러나 "집에 아무도 없었다, 집에 우리 둘 말고는"이라는 반복적인 표현은 독자가 두 여자의 삶에 대해 깊이 생각할 것을 요청한다. 이 표현과 17절의 '이마'(그녀와 함께)와 18절의 "아나흐누 야흐다브"(우리가 함께 [있었다])를 출산의 문맥에 두고 생각해 보자. 집에 다른 사람은 없고 두 여자만 있었고, 둘 다 만삭에 임산부라면 누가 산파를 하고 산후 뒷바라지를 하고 신생아들을 돌보았다는 말인가? 두 여자이다! 서로이다! 이 두 여자는 출산처럼 삶의 결정적인 사건에 서로 말고는 아무도 없었고, 둘이 각자 생명의 위험을 감수하며 산파로서 출산 뒷바라지와 신생아 돌보미로서 교대하며 서로를 살려 낸 것이다. 집에는 아무도 없었기 때문에 여자 2는 본인도 만삭이라 출산이 가까운 상태임에도 불구하고 여자 1의 출산을 도왔다. 만삭의 여자가 희생적으로 산파 역할을 한 것은 물론, 방금 출산한 여자 1의 산후 뒷바라지 및 신생아까지 보살핀 것은 무리였다. 여자 2가 사흘 후에 출산을 한 것은 어쩌면 이 힘든 역할 때문에 조산을 한 것일지도 모른다. 또한 3:18 전반절은 "제가 출산한 지 사흘째 되던 날, 이 여자도 출산했습니다"고 언급한다. 역시 집에는 둘뿐이었다. 이 말은 출산한 지 사흘밖에 되지 않는 여자 1이 이번에는 여자 2의 출산을 위한 산파와 뒷바라지와 신생아 돌보기를 했다는 뜻이 된다. 두 사람은 서로가 생존에 절대적으로 필요했다. 그들의 관계란, 자신의 생명을 걸고 상대 여성과 그 아기를 구하는 그런 것이었다.

셋째, 두 여자는 가족이다. 둘의 관계는 출산 때만 잠시 서로를 돕는 관계 이상이었던 듯하다. 화자는 둘을 '창녀'(3:16)라고 부르지만, 여자 1은 둘을 소개하며 '한집에 산다'(3:17)고 말한다. 그들은 집에서 '사는' 거지, 거기서 머물거나 일하는 것이 아니다. 또한 히브리어 '집'(바이트)은 건물만이 아니라 '가족'을 뜻하기도 한다(창 7:1; 수 24:15; 삼상 27:3).[169] 이 단어는 이야기 속에서 네 번이나 나와서 두 사람의 가까운 관계, 즉 가족관계를 나타낸다고 볼 수 있다.[170] 둘은 한집에 살았고 서로에게 가족이다.

넷째, 둘은 언어적으로나 문학적으로 하나이다. 두 여자는 히브리어 본문에서 분리가 쉽지 않다. 먼저, 왕의 대사 속에서 두 여자는 하나로 다루어진다. 왕은 두 여자를 똑같은 지시대명사, '이'(조트)로 가리킨다.[171] "이(조트)는 말하기를 '이(제)가 살아 있는 내

아들이고, 네 아들은 죽은 [아이]'라고 한다. 이(조트)는 말하기를 '절대 아니야. 네 아들이 죽은 [아이]고 내 아들이 산 [아이]야'라고 한다"(3:23).[172] 왕은 바로 앞에 나온 두 여자의 말을 순서를 바꾸어 반복하여 말한다. 그런데 왕은 두 여자를 모두 '이'로 지칭하여 하나로 만든다.

곧이어 왕은 산 아이를 반으로 잘라 두 여자에게 반씩 주라고 말할 때도 두 여자에게 동일한 부정대명사('하나')를 쓴다. "살아 있는 이 아이를 둘로 잘라, 반쪽은 '하나'에게 주고, 나머지 반쪽은 '하나'에게 주어라"(3:25). 물론 히브리어 구문에서 '에하드'는 '하나'와 '다른 하나'로 번역할 수 있다.[173] 이 글의 논의를 위해, 우리는 앞 23절처럼 같은 단어로 두 사람을 가리키는 것이 문학적으로 두 여자를 하나로 만든다고 여긴다.

왕은 마지막 발언에서 다시 한번 두 여자를 모호하게 하나로 만든다. 칼이 등장하자 생모는 긴박하게 왕에게 "제발 산 아이를 그녀에게 주세요. 절대 죽이지 마세요"라고 말한다. 그러자 '이'라고 지칭되는 한 여자가 말한다. "나에게도, 너에게도 그는 속하지 않을 거야. 자르세요!" 이 여자의 말의 앞부분은 '나에게도, 너에게도'라고 하여 다른 여자에게 향해 있다. 뒷부분은 왕을 향해 있고 '자르라'는 명령형이다. 이 말을 들은 후 왕은 말한다. "주어라. 그녀에게 산 아이를. 결코 그를-죽이지 말아라. 그녀가 그의-어머니이다"(3:27). 여기서 '그녀'는 누구일까? 화자가 생모라고 밝힌 그 여자일까, 아니면 마지막으로 험하게 말한 여자일까? 왕은 생모가 누군지 선포하지 않고, 산 아이를 한 여성에게 주라고 말했을 뿐이다.[174] 히브리어 구문에서 '이'라는 지시대명사는 보통 가까운 거리, 방금 말한 사람을 가리킨다.175) 그렇다면 산 아이를 받게 되는 '그녀'는 방금 험하게 말했던 여자라는 뜻이 된다. 이 '그녀'는 이 야기의 서두에서 길게 기소한 여자 1일까? 아니면 짧게 말한 여자 2일까? 화자가 밝혀 주지 않은 채 결론은 열려 있다. 두 여자는 모호한 문학 표현 속에서 이 여자가 그 여자가 되고 그 여자가 이 여자가 된다. 이와 같이 두 여자는 서로 적이라기보다는 한집에 사는 가까운 사이, 가족일 가능성이 높다.

Ⅳ. '창녀' 레이블링에 갇힌 여성 가족

열왕기 3장 속의 두 여자에게 붙은 '창녀' 레이블링과 이미지는 여성학 학자들의 지적과 같이, 섹슈얼리티, 젠더, 몸과 질병, 범죄, 가족, 계급, 국적 등의 여러 차원과 교차하고 중첩하며 작용한다.176) 몇 가지 차원을 두 여자에게 적용하자면, 먼저 이들은 섹슈얼리티 면에서 자율적이기에 '창녀' 같다. 이들의 섹슈얼리티는 남성의 통제하에 있어야 하는데, 결혼하여 아내로 살지 않고 있다. 게다가 두 여자 모두 독자적으로 임신하였다. 그래서 이들은 성적으로 문란하고 헤프고 순결하지 않고 성(sex)을 밝히고, 그래서 아들이 재산인 문화에서 어느 남자도 이 여자들에게서 낳은 아들을 자기 혈육으로 주장하지 않는 그런 '창녀'이다.

두 여자는 또한 젠더 면에서 일탈을 보인다. 젠더 규범에 의하면, 여자는 말투, 행동, 옷차림에서 조신해야 하고 가는 장소와 시간에도 제한이 있다. 본문 속 두 여자의 언행과 현 장소는 분명 젠더 규범에 어긋난다. 이들이 왕을 대면하는 공적인 장소에 남자 없이 스스로를 대변한다는 것 자체가 비정상이다. 말투도 여자 1은 분명 목소리를 높여 거칠게 말하는 듯하다. 두 여자는 시시비비를 가리러 나왔음에도 왕보다 더 많이 말하고, 자기들끼리 말하며 왕을 무시하는 듯하다. 이들은 칼날 아래서도 할 말을 다 한다. 생모도 그렇지만, 왕에게 "잘라라!"고 명령어를 쓰는 다른 여자는 건방지기 이를 데가 없다. 그녀는 전통 해석과 달리, 생모가 아니라서 그렇게 말한 것이라기보다는 이런 가족의 위기 상황에서 왕이 어린 생명을 두고 대뜸 칼을 사용하려는 것에 대한 저항과 실망을 표명한 것이라고 볼 수 있다. 이렇게 목소리 크고 왕에게도 맞서고 때와 장소를 가리지 못하는 여자들은 여자답지 못한, 남자 같은 '창녀'이다.

두 여자는 가부장적인 전통 가족 면에서도 규범에 어긋난다. 남자 없이 두 여자가 한집에 사는 것도 이상한데, 각자 임신하여 아이들을 낳고 살다니, 결코 '정상' 가족이 아니다. 재판 같은 중대사에 아버지나 남자 친척이 없다는 것은 이들의 출신 가정도 어쩌면 흔한 낙인찍힌 '문제 가정'일 수도 있음을 암시한다. 여자 자신이 공적 영역에서 남자의 역할을 하는 과정에서 더욱 차별과 배제를 피부로 겪을 수 있다. 이 재판 이야기에서 왕은 멋대로 재판을 마치는데, 여자 1의 핵심 관심사, 즉 산 아이의 엄마가 누구인지의 문제를 경시하고 여자들의 사연에 귀를 기울이지 않은 것도 이 맥락에 있다.[177]

두 여자는 또한 계급 면에서 '정상'이 아니다. 이들은 출산과 같이 위험한 때에 산파를 고용할 여유가 없을 만큼 매우 가난했을 수 있다. 임신하고 출산한 여자들끼리 사는 가족이 부유했을 것이라고 상상하기 어렵다.

　이와 같이 열왕기 3장 속의 두 여자는, 출산과 재판 같은 중요한 때에 도와줄 만한 출신 가족, 친척, 지역 사람들이 없었다. 이들은 '창녀'라는 레이블링으로 불리며 고립되고 차별받았을 것이다. 그뿐만 아니라, 두 여자는 스스로 이 낙인을 내재화하여 그에 해당하는 언행과 생활양식을 실천했을 것이다. 이 여자들은 한편으로는 젠더 규범에서 일탈하므로 일반 기혼여성과 달리 공적 영역에서 남자 같은 역할을 하며 일정 권리를 행사하고 남자 같은 언행으로 자유로이 살았을 것이다. 다른 한편으로 거기에는 치러야 할 대가가 있었다. 타인의 손가락질과 차별을 겪고 그에 대한 저항과 동시에 내재화 속에서 갈등하는 피곤하고 가난한 삶이다. 본문의 화자가 매춘 상황이 아님에도 두 여자를 '창녀'로 부른 것은 오랜 해석의 역사 동안 이들을 무시하고 차별하게 만들었다. 우리의 성찰이 타당하다면, 두 여자는 문화 규범과 다른 생활양식을 영위했고 사고로 아이를 잃어 연민과 돌봄이 필요한 위기 가족이었을 뿐이다.

V. 결론: 그녀를 그리 부르지 말라

　"맘충!"[178] 2019년에 성황리에 상영된 영화 <82년생 김지영>에서 주인공 지영은 아이와 함께 카페에 갔다가 직장인들의 뒷담화로 이 말을 듣고 큰 충격을 받는다. 이 사건은 이야기 전개상 다음의 주요 국면으로 가는 전환점이 된다. 원작 소설의 조남주 저자는 말하기를, 이 장면이 특히 울컥했거나 감정이입이 된 대목이고 지금

도 그 부분을 읽으면 눈물이 난다고 답했다.[179)]

우리는 레이블링이 자신에게 해당되지 않을 때 얼마나 상처가 되는지를 잘 모른다. 오늘날에도 주류 측 사람들은 규범과 다른 존재 및 생활양식을 가진 사람들에게 다양한 딱지를 붙인다. 하지만 당사자는 트라우마적인 상처가 되고, 심지어 스스로 목숨을 버리거나 남을 해하기도 한다. 예언자 엘리사는 대머리라고 하는 것이 너무 싫어서 그렇게 부르는 어린이들을 주님의 이름으로 저주하여 42명이나 두 마리의 곰에게 물려 죽게 할 정도였다(왕하 2:23-24). 공동체의 손가락질, 조롱, 왕따, 소외는 심각한 죄이다. 우리가 타자를 레이블링 하는 것은 다른 종교, 국적, 섹슈얼리티, 생활양식을 가진 사람들을 두려워하고, 그래서 통제하려 하면서, 우리를 더 옳은 사람으로 만들려는 시도이다. 이것이 차별과 배제임을 인정해야 한다.

미주

147) '창녀'라는 말은 현대 한국어에서 성노동자, 성매매자 등의 단어로 대체되었으므로 독자의 감수성에 거슬린다. 그러나 이 글의 주제가 레이블링에 따른 차별과 배제를 다루므로 한글성서의 '창녀' 표현을 그대로 사용하기로 한다.

148) Frank Tannenbaum, *Crime and Community* (London and New York: Columbia University Press, 1938).

149) Howard Becker, *Outsiders*, 21th revised ed. (New York: Free Press, 1973), 26.

150) 어빙 고프만 지음/윤선길, 정기현 옮김, 『스티그마: 장애의 세계와 사회적응』 (한신대학교출판부, 2009), 30.

151) 앞의 책. 특히 2장, "정보통제와 개인적 정체성"을 참조하라.

152) F. Brown, S. R. Driver, and C. A. Briggs, *A Hebrew and English Lexicon of the Old Testament* (Oxford: Clarendon Press, 1953), 275.

153) 예를 들면, 레 17:7; 20:6; 민 15:39; 사 57:3; 호 4:11-14; 렘 2-3; 겔 16 등.

154) 왕국기와 그 이후의 본문에서 조나가 쓰인 예로는 레 21:7, 14; 신 23:19; 왕상 3:16; 22:38; 사 1:21; 23:15; 렘 3:3; 5:7; 겔 16:30, 31, 33, 35, 41; 23:44; 호 4:14; 욜 4:3; 미 1:7; 나 3:4; 잠 6:26; 7:10; 23:27; 29:3 등이 있다.

155) Phylis A. Bird, *Missing Persons and Mistaken Identities* (Minneapolis: Augsburg Fortress, 1997), 201-202; 224-225를 참조하라.

156) Ibid., 202.

157) Gilgamesh Epic (VII, iii.6-22 and iv.1-10), trans. and ed., Ephraim A. Speiser, "Akkadian Myths and Epics", *ANET*, 86-87. Bird, *Missing Persons and Mistaken Identities*, 201-202에서 재인용.

158) 원미혜, "여성의 성 위계와 '창녀' 낙인: 교차적 작용을 중심으로", 『아시아여성연구』 50.2(2011): 45-84를 참조하라.

159) Bird, *Missing Persons and Mistaken Identities*, 224.

160) 이 요약에서 필자는 전반부 이야기에서 '여자 1', '여자 2'라는 말을 썼고, 후반부 이야기에서 '생모'와 '다른 여자'라는 말을 쓴다. '여자 1', '여자 2'가 각각 '생모'와 '다른 여자'와 일치하지 않을 수 있기 때문이다. 그리고 '첫째', '둘째'라는 말이 본 글의 전개에도 쓰이므로 혼동을 피하기 위해 처음에 말한 여자를 여자 1로, 두 번째 말한 여자를 여자 2로 표기한다.

161) 예를 들어, 생모가 누군지에 대해서 맨 처음에 말한 여자가 산 아이의 생모라는 이들의 예는 다음과 같다. 시몬 J. 드 브리스/김병하 옮김, 『열왕기상』 (도서출판 솔로몬, 2006), 221-222. 원제는 Simon DeVries, *1 Kings, Word Biblical Commentary* (Nashville: Thomas Nelson Publishers, 1985); Moshe Garsiel, "Revealing and Concealing as a Narrative Strategy in Solomon's Judgment (1 Kings 3:16-28)", *Catholic Biblical Quarterly* 64/2 (2002): 244-246; B. O. Long, *1 Kings: With an Introduction to Historical Literature* (FOTL 9; Grand Rapids: Eerdmans, 1984), 67-70. 두 번째로 말한 여자가 생모라는 이들은 다음과 같다. Gary A. Rendsburg, "The Guilty Party in 1 Kings III 16-28", *Vetus Testamentum* 48 (1998): 534-541; Ilya and Gila Leibowitz, "Solomon's Judgment" (Hebrew), *Beth Mikra* 35 (1990): 242-244; Efraim Y. Wizenberg, "Solomon's Judgment" (Hebrew), *Mv Hamidrashia* 9-10 (1973): 41-42. Garsiel, "Revealing and Concealing", 233에서 재인용.

162) Cf. Mordechai Cogan, *1 Kings: A New Translation with Introduction and Commentary* (Anchor Bible; Yale University Press, 2001), 196; Terrence Fretheim, *First and Second Kings* (Westminster Bible Companion; Louisville, KY: Westminster/John Knox Press, 1999), 33-35. 그

러나 일부 학자들은 이 '지혜'를 다윗의 유언에 나오는 지혜, 즉 정치적인 적을 처단하는 마키아벨리적 지혜와 연결시킨다(왕상 2:6, 9). 가령, Walter Brueggemann, *1 and 2 Kings*, *Smyth & Helwys Commentary* (Macon, GA: Smyth & Helwys, 2000), 53.

163) 한국어 번역성서인 『새번역』과 『개역개정』은 모두 소제목을 '솔로몬의 재판'이라고 하여 '지혜'라는 말이 없다.

164) 휴고 그레스만은 세계에서 소위 솔로몬의 재판 이야기와 비슷한 이야기를 22개 찾았다. Hugo Gressmann, "Das salomonische Urteil", *Deutsche Rundschau* 130 (1907): 212–28. 드 브리스, 『열왕기상』, 216-217에서 재인용.

165) 페미니스트 학자들도 왕이 모성을 이용하여 협박한다거나, 여자를 남자의 목적을 위한 수단으로 만든다고 지적한 바 있다. Gina Hens-Piazz, *1-2 Kings* (Abingdon Press, 2006), 46; Esther Fuchs, "Literary Characterization of Mothers and Sexual Politics in the Hebrew Bible", in *Feminist Perspectives on Biblical Scholarship*, ed. Adela Y. Collins (Chico: Scholars Press, 1985), 131-132.

166) 국립국어원의 표준국어대사전 https://stdict.korean.go.kr/search/searchResult.do(2020.1.31.).

167) 필자는 "Women under Blades and Blazes: Listening to Korean 'Comfort Women' and Two Women in 1 Kings 3:16-28" (The Oxford University Press Handbook of Feminist Approaches to the Hebrew Bible 근간)에서 재판 이야기 속 여자들이 가까운 사이일 수 있다는 이 글과 비슷한 관찰을 하고, 여자들의 이야기에 귀를 기울이지 않고 칼로 신속히 재판하는 왕과 일본 제국주의 성노예에 관해 당사자 여성들을 배제하고 '불가역적' 합의를 한 한국과 일본 정부를 병행하여 읽었다.

168) 70인역은 "당신의 여종이 자고 있었습니다"는 말을 뺀다. 70인역의 번역자들은 여자 1이 산 아이의 생모라고 생각했기 때문인 듯하다. Lasine, "The Riddle of Solomon's Judgment and the Riddle of Human Nature in the Hebrew Bible", 67을 참고하라.

169) Ludwig Koehler and Walter Baumgartner, *The Hebrew and Aramaic Lexicon of the Old Testament*, Vol. 1 (Leiden: Brill, 2001), 125. NRSV, NKJV, NASB도 3:25에서 두 여자를 '하나'(one)와 '다른 하나'(the other)로 구별한다. 『새번역』과 『개역개정』은 똑같이 '이 여자'와 '저 여자'로 번역한다.

170) 모쉐 가시엘(Moshe Garsiel)은 '집'이라는 말의 반복이 두 여자가 가까운 사이임을 보여 준다고 관찰한다. "Revealing and Concealing as a Narrative Strategy in Solomon's Judgment (1 Kings 3:16-28)", *Catholic Biblical Quarterly* 64/2 (2002): 239.

171) 영어 번역 성서들은 두 여자를 종종 '첫째 여자'와 '둘째 여자', 또는 '이 여자'(this one)와 '저 여자'(that one)로 구분해 부른다.

172) 『새번역』이 왕의 말끝에 원문에 없는 말, "그렇다면 좋은 수가 있다"를 덧붙인 것 또한 지혜로운 왕이라는 전통적인 해석을 전제로 하는 번역이다.

173) 에하드가 '하나'와 '다른 하나'로 사용되는 것에 대해서는 Koehler and Baumgartner, *The Hebrew and Aramaic Lexicon of the Old Testament I*, 30을 보라.

174) 제임스 쿠걸/김구원, 강신일 옮김, 『구약성경개론』 (서울: CLC, 2011), 740; James L. Kugel, *How to Read the Bible: A Guide to Scripture, Then and Now* (New York: Free Press, 2007).

175) E. Kautzsch, *Gesenius' Hebrew Grammar* (Oxford: University Press, 1993), 442.

176) 원미혜, "여성의 성 위계와 '창녀' 낙인", 57.

177) 엘렌 판 볼데(Ellen Van Wolde)도 칼과 거친 말을 쓰고 즉각적 행동을 취하는 왕의 태도를 문제가 있다고 지적한다. Ellen Van Wolde, "Who Guides Whom? Embeddedness and Perspective in Biblical Hebrew and in 1 Kings 3:16-28", *Journal of Biblical Literature* 114.4 (1995), 637.

178) 맘충이란 처음에는 공공장소에서 아이를 빌미로 민폐를 끼치는 어머니를 비하하는 표현이었다가 일반적으로 육아하는 여성을 비하하여 일컫는 말로 확대되었다. https://namu.wiki/w/맘

충 (2020.1.31. 접속).

179) 김이상, "『82년생 김지영』과 '맘충'", https://brunch.co.kr/@yisangkim/33 (2020.1.31. 접속). 참고로 이 소설의 영어 번역자 제이미 챙은 맘충을 엄마(mum)와 바퀴벌레(cockroach)를 합친 'Mum-roach'로 번역했다.

7장. 가난한 이들의 아버지:
차별을 넘어 연대로

강철구(독일 튀빙겐대학교 신학박사, 구약신학 전공)

I. 들어가는 말

2014년 '송파구 세 모녀 자살 사건'의 충격이 가시지 않았음에도 2019년 11월에 서울 성북구 다가구 주택에서 네 모녀가 자살한 것으로 알려져 시민들에게 안타까움과 충격을 불러일으키고 있다.[180] 무엇이 이들을 죽음으로 내몰았는가? 우리는 가난이 불편할 순 있지만 부끄러운 것은 아니라고 배워 왔다. 그러나 이제 가난은 불편한 것을 넘어서 부끄럽고 수치스러운 것이 되었다. 이러한 현상은 일부이기는 하지만 월거지(월세 사는 거지), 전거지(전세 사는 거지), 빌거지(빌라 사는 거지), 엘사(LH에 사는 사람)라는 말이 초등학생 사이에서 회자되면서 그곳에 사는 아이들이 놀림거리가 되고 있다. 주거 형태뿐만 아니라 부모의 월 소득을 빗댄 이백충(월수입 200 이하인 사람을 벌레에 비유), 삼백충(월수입 300 이하인 사람을 벌레에 비유) 등의 은어도 유행어처럼 사용되고 있다. 이러한 모든 것은 주거 공간과 월 소득에 따른 혐오 내지 차별적 표현이라고 볼 수 있다.[181] 이렇게 가난은 점차 차별과 혐오의 대상이 되고 있다.

자본주의 시대를 살아가는 우리에게 가장 큰 우상은 맘몬이다. 돈을 가졌느냐, 갖지 못했느냐의 문제는 단순하게 편하냐, 불편하냐의 문제를 넘어선다. 자본의 소유 정도에 따라서 그 사람의 가치가 평가된다. 일반적으로 자본을 소유하지 못한 이들을 가난한 사람들이라고 하지만 오늘날 가난한 사람들은 기본적으로 경제적 수단인 돈이나 물질을 가지지 못한 사람일 뿐만 아니라 최소한의 사회적 권리도 제대로 행사하지 못하는 사람들을 가리킨다. 즉 돈이 없다는 것은 자신의 권리를 지키거나 되찾을 최소한의 법적 수단도 갖고 있지 못한 상태를 가리킨다. 그러기에 가난한 사람들은 사회에서 소외되고, 경시되고, 심지어는 조롱과 혐오의 대상으로 전락한다. 현재 우리 사회에서 빈곤에 취약한 사람들은 노인, 무직자, 한부모가정, 장애인, 탈북민 등일 것이다. 이런 사람들은 도움과 나눔의 대상이지 결코 차별과 조롱의 대상이 되어서는 안 된다. 심지어 하나님을 사랑하라는 계명과 함께 이웃 사랑을 금과옥조로 떠받드는 교회에서조차도 가난한 사람들은 주변부로 밀려난다.

그렇다면 성경에서는 가난한 이들에 대해서 어떻게 언급하고 있는가? 성경은 가난한 이들을 어떻게 대해야 하며, 어떤 도움을 제공해야 하는지에 대해서 말씀하고 있다. 구약성경에서 가난한 이들로 대표되는 이들이 바로 고아와 과부, 그리고 나그네(외국인들)이다. 이들은 이스라엘 공동체에서 자신의 권리를 주장하지 못하고 경제적으로도 어려움에 처해 있는 이들이다. 이들에 대한 관심은 신약성경에서도 예외는 아니다. 그러므로 본 글은 욥기와 마태복음을 통해서 가난한 자들에 대해서 교회공동체와 그리스도인들이 취해야 할 바른 태도와 자세에 대해서 살펴보고, 한국교회에 어떻게 적용해야 할지에 대해서 함께 논의해 보고자 한다.

II. 성경의 가난한 이들에 대한 태도

구약성경은 가난한 이들에 대해서 두 가지 측면으로 언급하고 있다. 하나는 물질적인 측면이고, 다른 하나는 법률적인 측면이다. 물질적인 관점에서 보자면 가난한 이들은 기초적인 의식주 문제를 스스로 해결하지 못한다. 법률적인 관점에서도 이들은 불법과 폭력으로부터 자신을 보호할 수단과 능력을 가지고 있지 않다. 이 두 가지는 서로 밀접하게 연결되어 있다. 여기에 해당하는 이들의 대표적인 집단은 고아, 과부 그리고 나그네들이다(출 22:21-22; 신 24:17 등). 물론 여기에 해당하지 않는 사람들 중에서도 가난하게 된 수많은 사람들이 존재한다. 그럼에도 이들은 구약에서 가난한 사람들로 대표된다. 이것은 신약성경도 마찬가지다. 신약도 참된 경건은 환난 중에 있는 고아와 과부를 돌보는 것임을 말하면서, 이러한 이들에게 관심을 갖고 있다(약 1:27).

많은 그리스도인들이 이러한 성경 말씀을 따라서 가난한 이들에게 관심을 갖고 이들을 도와야 함을 인정한다. 그러나 가난한 이들을 돕는 것은 필수가 아닌 선택의 문제로 치부해 버린다. 하지만 구약의 많은 부분은 가난한 이들을 돕는 것은 선택의 문제가 아니라 반드시 참여해야 할 공동체에 대한 의무임을 말한다. 이러한 생각을 적나라하게 언급하고 있는 부분은 욥기에서 욥의 무죄 고백을 언급한 부분(욥 29-31장)이다. 이러한 구약의 전통은 신약성경에서도 이어지고 있다. 그중에서도 마태복음 25장에 언급된 최후 심판에 대한 이야기가 중요할 것이다. 가난한 자들에 대한 구약과 신약의 태도와 자세에 대해서 살펴보도록 하자.

1. 가난한 이들에 대한 욥의 이해(욥기 29-31장)

욥기에서 가장 많은 부분을 할애하고 있는 장면은 고난의 원인에 대한 욥과 친구들과의 격정적 논쟁이다. 욥의 친구들은 욥이 저질렀을 것으로 추정되는 악한 행동에 대해서 나열한다. 반면에 욥은 이러한 친구들의 비난에 대해서 적극적으로 반박한다. 여기에 언급된 대부분의 죄는 제의적이거나, 종교적인 범죄라기보다는, 사회적인 관계 속에서 이웃들에게 저지를 수 있는 악한 행동들이다. 즉, 반사회적 행동이라고 말할 수도 있을 것이다. 여기서는 대표적인 예들만 언급해 보도록 하겠다.

> <22:6-9 엘리바스>
> 6 까닭 없이 형제를 볼모로 잡으며 헐벗은 자의 의복을 벗기며
> 7 목마른 자에게 물을 마시게 하지 아니하며 주린 자에게 음식을 주지 아니하였구나
> 8 권세 있는 자는 토지를 얻고 존귀한 자는 거기에서 사는구나
> 9 너는 과부를 빈손으로 돌려보내며 고아의 팔을 꺾는구나
>
> <20:19 소발>
> 19 이는 그가 가난한 자를 학대하고 버렸음이요 자기가 세우지 않은 집을 빼앗음이니라

욥의 친구들은 욥이 가난한 이웃들을 돕지 않고, 학대하고, 착취했다고 주장한다. 이러한 이웃들에 대한 악한 행동은 곧 하나님에 대해서도 신실하지 못하다는 것을 드러내는 증거이기도 하다. 이렇게 욥은 친구들로부터 비난받는다. 하지만 욥은 이러한 친구들의 주장을 반박하는데, 특히 욥의 마지막 발언인 욥기 29-31장에서 이러한 욥의 무죄 주장이 잘 드러나 있다.

욥기 29장은 욥의 과거에 대한 추억, 30장은 과거와 대비되는 현실의 고통스러운 상황, 31장은 자신의 죄 없음을 호소하는 무죄 맹세문을 담고 있다.[182] 먼저 29장 11-17절은 자신에 대한 친구들의 비난에 대해서 반박하면서 실제로 욥이 가난한 이들과 소외된 이들에게 행했던 구체적인 선한 행동을 언급한다.[183] 이어서 31장에서는 십계명의 좀 더 확장된 형태로서 제의적이고 사회적인 관점에서 자신의 무죄에 대해서 맹세하는 장면이 등장한다.[184] 이 중에서 욥이 과거에 가난한 이들에게 행한 것(29장)과 이것에 대한 죄 없음에 대한 고백과 맹세(31장)가 어떤 것인지를 살펴볼 필요가 있다.

욥이 행한 의와 자비(29:11-17)	욥의 무죄 맹세(31:13-23, 32)
12 빈민과 고아를 건져 냄 13 망하게 된 자와 과부로부터 축복과 칭송을 받음 15 맹인과 다리 저는 사람을 도와줌 16 **빈궁한 자의 아버지**가 되고, 모르는 사람의 재판을 돌봐 줌 17 불의한 자의 턱뼈를 부숨	13 남종이나 여종의 권리를 인정함 16 가난한 자와 과부를 도와줌 17 고아를 도와줌 18 **고아에게 아버지**가 되어 주고, 과부를 인도함 19 옷이 없는 가난한 자들에게 의복을 제공함 20 고아를 폭력으로 대하지 않음
	32 나그네를 대접함
→ 장구한 삶을 소망함	→ 이러한 일을 하지 않았다면 재앙을 받음

29장에서 욥은 도움을 청한 가난한 이들을 구해 주었고, 의지할

데 없는 고아를 보살펴 주었으며 비참하게 죽어 가는 사람들에게 자선을 베풀었다고 말한다. 또한 욥은 과부들의 마음을 즐겁게 해 주었고, 장애인들의 눈과 발이 되어 주었으며, 궁핍한 이들에게 아버지가 되어 주었다. 게다가 악을 일삼는 이들의 턱뼈를 으스러뜨림으로써 그들에게 희생당하는 사람들을 구해 주었다(29:11-17). 욥은 자신이 건강하고, 힘이 있을 때 가난한 이들에게 자비를 베풀었음을 자랑스럽게 여겼다. 그러기에 자신의 복된 앞날도 기대했던 것이다.

욥기 31장은 욥이 하나님 앞에서 죄를 짓지 않았음을 맹세하는 양식이다. 욥은 자신의 남종이나 여종이 탄원할 때마다 귀를 기울여서 공평하게 처리해 주었다. 게다가 가난한 사람들이 도움을 구할 때 거절한 일이 없었다. 과부를 돌보고, 고아를 굶기지 않았다. 너무나 가난해서 옷과 덮을 것이 없는 이들에게 양털을 깎아서 옷을 제공해 주었다. 고아를 속이지도 않았다. 게다가 나그네를 길거리에서 잠자도록 방치하지도 않았다. 욥은 공동체에 속한 자로서 악을 행하는 것을 넘어서 좀 더 적극적으로 약자들과 가난한 자들에게 물질적인 도움을 주고 나그네들을 환대함으로써 사회적인 의무를 다했다.[185]

이렇듯 욥은 법적인 권리를 가지지 못한 이들을 변호함으로써 그들의 권리를 찾아 주었고, 가난한 이들을 도움으로써 그들의 아버지가 되었다. 만약 욥이 이러한 사람들을 보고도 도움의 손길을 내밀지 않았다면 욥 자신이 하나님으로부터 심판과 고난을 받아도 당연한 것으로 여기겠다고 말한다. 이러한 맹세를 통해서 욥은 자신이 그렇게 하지 않았음을 확신하고 있다.

그리고 욥은 단순히 악을 행하지 않았다고만 말하지 않는다. 어떤 구체적인 악행을 했느냐, 하지 않았느냐가 중심이 아니다. 단지 악한 행위를 하지 않았다는 고백을 넘어서 자신이 사회적인 약자들에게 행했던 선한 행동을 언급한다. 욥은 사회적 의무를 다하지 않는 것도 하나님 앞에서 큰 죄라고 인식하고 있다. 물론 이것은 욥뿐만 아니라 욥의 친구들까지도 함께 공유하고 있었던 생각이기도 하다(22:5-10). 구약의 가난한 자들로 대표되는 고아, 과부 그리고 나그네를 돕는 것은 선택의 문제가 아니다. 우리는 누군가를 돕는다고 했을 때 이것을 하면 좋지만, 하지 않아도 크게 문제가 되지 않는다고 생각하는 경향이 있다. 그러나 욥의 무죄 맹세를 통해서 알 수 있는 것은 공동체 내에 있는 가난한 자들을 돕는 것은 선택이 아닌 의무와 책임이라는 것이다. 가난한 이들을 보고서도 돕지 않는다면 그것은 하나님으로부터 심판을 받아도 마땅한 중대한 죄악이다. 가난한 이들에 대한 직·간접적인 착취도 죄악이지만, 착취당한 이들을 보살피지 않거나, 돕지 않는 것도 큰 죄라는 의미이다. 단순히 어떤 악한 죄를 짓지 않았다고 해서 그것이 하나님의 심판을 피할 수 있는 면죄부가 되지 못한다. 중요한 것은 가난한 이들에 대한 관심과 구체적인 돌봄이 있어야 한다는 것이다.

본문에서 다루는 가난한 이들에 대한 욥의 자세와 유사한 윤리적인 내용은 마태복음 25장 31-46절에 등장하는 예수님의 비유에서도 잘 나타나 있다.

2. 최후심판 비유(마 25:31-46)

가난한 이들에 대해서는 신약성경에서도 자주 언급된다. 특히 누가복음은 어떤 성경보다도 가난한 이들에 대한 누가의 시선이 잘 드러나 있다.[186] 그러나 위에서 언급한 욥기의 내용과 가장 잘 어울리는 본문은 구약의 가난한 자들에 대한 전통이 잘 드러나 있는 마태복음 25장 31-46절의 양과 염소의 비유일 것이다.

양(왕의 우편) →준비한 나라를 차지함/ 영원한 삶	가난한 이들=왕	염소(왕의 좌편) →영원한 불 속/ 영원한 형벌
먹을 것을 제공	굶주림	먹을 것을 제공하지 않음
마실 것을 제공	목마름	마실 것을 제공하지 않음
영접함	나그네	영접하지 않음
입을 것을 제공	헐벗음	입을 것을 제공하지 않음
돌봄	병듦	돌보지 않음
방문	감옥에 갇힘	돌보지 않음

본문은 최후 심판의 법정에서 벌어지는 일들에 대해서 묘사하고 있다. 왕은 마지막 때에 온 민족을 향해서 심판을 내려야 한다. 하지만 왕의 심판이 정당성을 갖기 위해서는 모든 사람들이 납득할 만한 이유와 근거를 제시해야 한다.

재판관인 왕은 먼저 34절과 41절에서 두 부류의 사람들에게 판결한다. 그런데 여기서 중요한 것은 이 두 부류의 사람들 모두 예수님을 따르는 제자들이었다는 것이다.

<마 25:34> 오른편/양
34 그 때에 임금이 그 오른편에 있는 자들에게 이르시되 내 아버지께 복 받을 자들이여 나아와 창세로부터 너희를 위하여 예비 된 나라를 상속받으라

<마 25:41> 왼편/염소
41 또 왼편에 있는 자들에게 이르시되 저주를 받은 자들아 나를 떠나 마귀와 그 사자들을 위하여 예비 된 영영한 불에 들어가라

이러한 판결 후에 왕은 이들에게 무엇이 이러한 판결을 내린 근거와 이유가 되는지 설명하고 있다. 즉 35-36절은 선한 행동을 한 것에 대해서, 42-43절은 선한 행동을 하지 않은 것에 대해서 언급하고 있다.

<마 25:35-36> 오른편/양
35 내가 주릴 때에 너희가 먹을 것을 주었고 목마를 때에 마시게 하였고 나그네 되었을 때에 영접하였고
36 헐벗었을 때에 옷을 입혔고 병들었을 때에 돌보았고 옥에 갇혔을 때에 와서 보았느니라

<마 25:42-43> 왼편/염소
42 내가 주릴 때에 너희가 먹을 것을 주지 아니하였고 목마를 때에 마시게 하지 아니하였고
43 나그네 되었을 때에 영접하지 아니하였고 헐벗었을 때에 옷 입히지 아니하였고 병들었을 때와 옥에 갇혔을 때에 돌보지 아니하였느니라 하시니

위의 예에서 알 수 있듯이 왕의 왼쪽에 있는 이들이 특별히 더 악한 행동을 한 것은 아니다. 이들은 누구를 박해하지도 않았고, 누

구의 것을 강제로 빼앗지도 않았다. 그럼에도 이들에 대한 왕의 저주에 가까운 판결에 대해서 이들은 경악을 금치 못한다. 도대체 이들이 무슨 악한 죄를 저질렀기에 악인들처럼 심판과 형벌을 받아야 하는가? 놀랍게도 이들이 정죄를 당하는 이유는 어떤 구체적인 악을 행했기 때문이 아니라, 가난한 이들을 선함과 자비로 대하지 않았기 때문이다. "그리스도의 제자로서 우리는 타인에게 어떠한 악을 행하지도 않았습니다"라는 고백이 이들의 면죄부가 되지 못한다. 가난한 이들의 고통에 침묵하는 것, 이들을 향해서 적극적인 선한 행동을 취하지 않은 것 자체가 하나님 앞에서는 엄중한 심판을 받을 만한 큰 죄가 된다.

게다가 40절과 45절을 통해서 알 수 있는 것은 예수님은 종말의 심판을 담당하는 왕으로서 자신을 '지극히 작은 자'와 동일시하고 있다는 사실이다.[187]

<마 25:40> 오른편/양
40 임금이 대답하여 이르시되 내가 진실로 너희에게 이르노니 너희가 여기 내 형제 중에 지극히 작은 자 하나에게 한 것이 곧 내게 한 것이니라 하시고

<마 25:45> 왼편/염소
45 이에 임금이 대답하여 이르시되 내가 진실로 너희에게 이르노니 이 지극히 작은 자 하나에게 하지 아니한 것이 곧 내게 하지 아니한 것이니라 하시리니

여기에 언급된 '지극히 작은 자'는 일차적으로 마태복음의 전체적인 맥락에서 예수님을 따라 전도 사역을 담당하는 남녀 제자들을 의미한다. 하지만 좀 더 넓은 관점에서 보자면 예수님을 따르는 제

자들을 포함해서 이 땅에 있는 '가난하고, 고난 받는 모든 사람들'을 가리키는 것으로 볼 수 있다.[188]

여기서 우리를 당황스럽게 하는 부분은 심판대 앞에 있는 양쪽의 무리들은 왕이 '지극히 작은 자'와 같다는 사실을 전혀 알지 못했다는 것이다. 만약에 이들이 자신들이 돕거나, 돕지 않았던 사람들이 하늘의 재판장이자 왕이라는 사실을 알았다면 온 힘을 다해 적극적으로 도왔을 것이다. 그러기에 이들이 지극히 작은 자가 누구인지를 몰랐다는 사실은 본문을 이해하는 데 매우 중요한 역할을 한다. 하나님의 심판대 앞에 선 사람들이 하나님 나라에 갈 것이냐, 아니면 영원한 형벌을 받을 것이냐에 대한 기준은 이 땅에서 '지극히 작은 자들'을 어떻게 대우했느냐에 달려 있다. 예수님의 심판 비유는 현재 우리가 가난한 자들을 대하는 것이 곧 예수님을 대하는 것임을 말씀하고 있다. 우리는 과연 가난한 자들을 예수님처럼 대하고 있는가?

Ⅲ. 가난한 이들과의 나눔과 연대

1. 왜 가난한 이들을 도와야 하는가?

성경뿐만 아니라 대부분의 문화권에서도 가난한 이들을 도와주는 것의 필요성에 대해서 언급하고 있다. 먼저 가난에 제대로 대처하기 위해서는 가난하게 된 이유에 대한 냉철한 분석이 있고, 그러한 분석 위에 이들을 어떻게 도와주어야 하는지에 대한 구체적인 방법론이 제시되어야 할 것이다. 가난의 원인에 대해서는 크게 자연재해 등 사람이 대처할 수 없는 상황 속에서 가난하게 된 이들이 있을 것이다. 또한 가난한 사람의 게으름이나 낭비, 무능력이나 부주의가 그 원인일 수도 있고, 아니면 사회 구조적인 차원에서 힘과 권력이 있는 이들의 착취와 억압을 통해서 가난하게 된 이들도 있을 것이다. 이러한 문제도 당연히 우리 모두가 함께 풀어 가야 할 과제임은 확실하다. 그러나 여기서 언급하고자 하는 것은 어떠한 이유로든 가난하게 되었을 때 왜 우리가 이들을 도와야 하는가의 문제다.

먼저 가난한 이들을 돕는 것은 생명을 살리는 일이기 때문이다. 가난하거나, 권리를 잃은 사람이라고 해서 그 사람의 생명의 가치가 떨어지는 것은 아니다. 모든 사람의 생명은 값지고, 천하보다 귀하다(마 16:26).

동시에 가난한 이들도 우리와 같은 하나님을 아버지로 하는 형제, 자매들(욥 31:15 참고)이기에 돕는 것이다. 가족이 가족을 도울 때 어떤 특별한 이유가 있어야 하는가? 가난한 이들을 돕는 것은 한 가족으로서 마땅히 짊어져야 할 가족의 책임이자 의무가 아니던가!

또한 구약과 신약의 예에서 보았듯이 하나님께서도 스스로를 가난하고, 소외된 이들과 동일시하고 있다. 하나님은 고아와 과부와 나그네의 아버지, 보호자로서 언급된다(출 22:22; 신 10:18; 시 146:9 등). 이러한 사실은 이스라엘도 하나님을 본받아 자신들의 시선을 가난하고, 소외된 이들과 동일하게 위치시켜야 함을 말한다. 하나님의 백성들은 이러한 하나님의 성품을 자신의 삶 속에 반영해야 한다.

시편 68편 5절은 구체적으로 하나님 자신을 고아들의 아버지이자, 과부들의 재판관으로 묘사한다.

<시편 68:5>
5 그의 거룩한 처소에 계신 하나님은 고아의 아버지시며 과부의 재판장이시라

하나님께서 가난한 이들에게 사랑과 관심을 보임에도 이들을 돕지 않는 것은 곧 하나님을 무시하는 태도다. 출애굽기 21-24장(언약법전)에서도 이웃에 대한 사랑과 관심이 언급된다. 그러기에 만약 이들을 돕지 않을 경우엔 하나님께서 직접 복수하실 것임을 말씀하고 있다. 이것은 여호와께서 이들의 보호자가 되시기에 이들을 착취하지 말라는 경고이다.[189)]

<출애굽기 22:21-24>
21 너는 이방 나그네를 압제하지 말며 그들을 학대하지 말라 너희도 애굽 땅에서 나그네였음이라
22 너는 과부나 고아를 해롭게 하지 말라
23 네가 만일 그들을 해롭게 하므로 그들이 내게 부르짖으면 내가 반드시 그 부르짖음을 들으리라
24 나의 노가 맹렬하므로 내가 칼로 너희를 죽이리니 너희의 아내는 과부가 되고 너희 자녀는 고아가 되리라

<잠언 14:31>
31 가난한 사람을 학대하는 자는 그를 지으신 이를 멸시하는 자요 궁핍한 사람을 불쌍히 여기는 자는 주를 공경하는 자니라

<잠언 17:5>
5 가난한 자를 조롱하는 자는 그를 지으신 주를 멸시하는 자요 사람의 재앙을 기뻐하는 자는 형벌을 면하지 못할 자니라

이러한 예들과 반대로 가난한 이웃들에게 사랑과 관심을 베푸는

것은 곧 하나님을 경외하는 것이 된다. 가난한 이들을 돌보는 것과 하나님을 섬기는 일이 서로 분리되지 않는다(출 23:11; 레 25:6; 신 15:2, 7-11 참고).[190)]

그렇다면 우리는 가난한 이들을 어떠한 자세와 태도로 도와야 하는가? 가난한 이들을 도울 땐 조건을 달아서는 안 된다. 왜 가난하게 되었는지 이유를 묻지 말아야 한다. 가난한 이들이 있다면, 조건 없이 돕는 것이다. 가난의 이유를 묻고, 그것이 개인의 나태와 낭비에 기인한 것이라면 돕지 않아야 하는 것이 아니다. 가난하게 된 이유와 근거를 전제로 도울 것인지, 말 것인지를 결정한다면 가난한 이들에게 수치와 부끄러움을 줄 뿐이다.

이상에서 우리는 가난한 이들을 돕는 이유와 자세에 대해서 살펴보았다. 가난한 이들에 대한 도움은 한 개인의 문제뿐만 아니라 공동체 전체의 문제이기도 하다. 가난한 사람이 있다면 반대로 부유한 이들도 존재하기에 가난의 문제는 계층 간의 분열과 갈등을 초래한다. 결국 가난과 가난한 이들에 대한 무관심과 냉대는 공동체의 평화(샬롬)를 깨뜨리므로 공동체를 해체시킨다. 하지만 가난의 문제가 해결될 때 그 공동체와 국가는 서로를 신뢰하고, 의지할 수 있는 샬롬의 공동체가 될 수 있다. 그러기에 공동체를 유지하고, 발전시키고, 후대에 물려주어야 할 책임이 있는 하나님의 백성들은 가난한 이들을 돌보고, 이들과 삶을 나누어야 할 책임이 있다.

2. 가난한 이들과의 연대

가난의 문제는 단순히 물질적 지원과 권리를 찾아 주는 것으로 끝나지 않는다. 더 나아가서 관계적 차원인 가난한 이들과의 연대를 통해서 그 해답을 찾을 수 있다. 공동체를 유지하기 위해서 가장 필요한 요소는 서로 간의 연대일 것이다.

우리는 모두 몸을 제대로 가누지 못하는 아이로 태어나서, 대부분은 불편한 몸으로 병상에 누워서 생을 마감하게 된다. 결국 모든 사람들은 한 치의 예외도 없이 누군가의 보살핌과 도움이 없으면 살아갈 수 없는 존재다. 가난의 문제도 마찬가지다. 가난은 어떤 특수한 사람에게만 찾아오는 불청객이 아니다. 누구든지 빈곤의 나락으로 떨어져서 가난한 사람이 될 수 있는 것이다. 이것은 IMF 사태가 우리에게 말해 준 교훈이자 경고이기도 하다. 그러기에 가난한 이들의 문제는 타인의 문제를 넘어서 곧 나의 문제, 우리 공동체의 문제가 될 수 있다. 성경도 끊임없이 가난의 문제에 대해서 가족과 공동체의 책임이라고 말한다. 가난한 이들과의 책임과 연대를 통해서 소외되고, 차별받던 이들이 공동체로 편입되고, 그 결과 그 공동체는 더욱 견고하게 될 것이다.

어떤 공동체가 지속 가능하고, 건강한 공동체냐의 문제는 곧 그 공동체가 가난한 이들을 어떻게 대우하고 있느냐로 평가될 수 있다. 그렇다면 우리 교회공동체는 가난한 이들과 더불어 삶과 물질을 나누고 있는가? 우리 교회공동체는 가난한 이들과 연대하고 있는가? 기대와 달리 한국의 교회공동체는 철저하게 자본의 윤리에 종속되어 있는 것처럼 보인다. 모두가 자신의 행복과 풍요만을 추구하는 것 같다. 거기엔 이웃이 들어갈 틈이 없다. 안타깝게도 교회는 다양한 방법으로 이것을 더욱 부추기고 있다.

그러나 교회가 공동체성을 회복하고, 하나님 앞에서 부끄럽지 않기 위해서는 가난한 이들에 대해서 책임을 지면서 이들과 연대해 나가야 한다. 연대는 '함께함'이다. 하나님께서 자신을 가난한 이들과 연대하신 것처럼 우리도 연대해야 한다. 연대를 통해서 강력한 결속력이 형성된다. 교회공동체는 그 어떤 공동체보다도 이 땅의 가난한 사람들과 더욱 견고하게 연대할 수 있다. 그것은 우리 모두가 한 하나님의 자녀라는 생각을 가지고 있기 때문이다. 연대와 책임의 근거는 창조신앙에서도 찾을 수 있다. 창세기 1장에 따르면 우리 모두는 하나님의 형상으로서 하나님께서 주신 소명을 함께 받은 존재들이다. 이러한 소명은 하나님 앞에서 서로 연대할 때 가능하다. 더 나아가서 가난의 원인이 되는 구조적인 악과의 싸움을 가능하게 만드는 것 역시 연대의 힘이라고 말할 수 있을 것이다.

Ⅳ. 나가며

하나님 말씀대로 산다는 것은 우상숭배를 하지 않고, 주일 성수하고, 성경 읽고, 기도하고, 헌금 생활 잘하는 것으로 듣고, 살아왔다. 이웃을 사랑하는 것은 신앙생활의 부차적인 것으로 간주했다. 이것을 사회봉사나 구제라고 말하면서 믿음 생활에 중요한 요소지만 복음의 본질은 아니라고 생각했다. 그러나 구약과 신약의 가르침은 그렇지 않다. 하나님께서는 당신의 백성들에게 가난한 이웃을 돌보는 삶을 요구하신다. 십계명 중에서 1-4계명의 하나님 사랑은

5-10계명의 이웃 사랑을 통해서 구체적으로 드러난다. 그러기에 가난한 이들을 돌보고, 이들의 권리를 찾아 주고, 더불어 울고, 웃는 삶은 신앙의 부차적인 요소가 아니라 하나님을 사랑하는 신앙의 본질적인 요소다.191)

교회는 단지 영적인 공동체이고, 영적인 것만을 추구하는 곳이 아니다. 교회는 공동체의 사회적 책임에도 관심을 가져야 한다. 교회가 구체적인 형태로 사회에 자리 잡고 있는 한 교회는 자신의 울타리를 넘어서 이웃들과의 관계로 나아가야 한다. 특히 가난하기에 소외되고 사회적으로 차별과 반목의 대상으로 전락한 가난한 이웃들에게 관심을 갖고, 물질과 삶을 나누는 것은 선택이 아닌 의무와 책임에 속한다. 그러기에 적극적으로 선을 행하지 않은 것은 죄다. 더 나아가서 가난한 이웃들에 대한 관심과 나눔을 넘어서 서로 연대하는 운명공동체로 나아가야 한다. 가난한 이들과 함께하며, 연대하는 것을 생색내기 위한 용도로 여기거나 전도를 위한 수단으로 삼는 태도는 어느 누구에게도 결코 도움이 되지 않는다. 가난한 이들 또한 우리 공동체의 일원일 뿐만 아니라, 한 분 하나님으로부터 창조된 우리의 형제, 자매이기 때문이다.

지금까지 한국교회는 가난한 사람들에 대한 이러한 책임과 의무를 다하지 못했다. 예수님의 말씀처럼 교회는 세상의 소금과 빛임에도 그 소명을 다하지 못했다. 그러기에 교회에서조차 때로는 가난이 조롱의 대상이 되곤 하였다. 가난과 가난한 이들에 대한 잘못된 자세와 태도 역시 한국교회가 세상으로부터 외면당하게 된 중요한 이유 중의 하나일 것이다.

한국교회가 소금이고 빛이 되기 위해서 우리 모두는 가난하고,

고난 받는 이웃들에게 해야 할 마땅한 의무와 책임, 그리고 그것을 넘어서는 섬김과 연대로 나아가야 한다. 하나님께 붙여졌던 고아와 가난한 이들의 아버지[192]로서의 역할을 교회가 감당해야 한다. 우리가 하나님을 아버지로 부르는 한 가난한 이들은 우리의 형제요, 자매다. 동시에 아버지를 닮은 자녀로서 우리는 아버지의 역할을 감당해야 한다. 자식은 아버지를 닮아야 하지 않겠는가? 그러기에 성경은 우리에게 가난한 이들의 아버지가 될 것을 요구한다. 가난한 이웃에 대한 사랑은 예수님에 대한 사랑으로 대변된다. 사랑이 있는 곳에 하나님도 계신다. 성경에서 보여 주는 가난한 이들에 대한 나눔과 환대, 그리고 이들과의 연대를 통해서 우리는 가난의 문제를 해결해 나갈 수 있을 것이다. 이제 한국교회는 이러한 성경의 요청에 제대로 응답해야 한다.

미주

180) 2019년 11월 2일에 서울 성북구 성북동의 다가구 가정에서 네 모녀가 숨진 채 발견된 사건으로 이들의 사망원인은 생활고로 인한 자살로 추정된다.

181) 박가영, "이백충, 월거지"…초등학교 교실에 퍼진 '혐오', 머니투데이 2019.11.17. https://news.mt.co.kr/mtview.php?no=2019111413072762375

182) 욥기 31장의 윤리에 대한 접근을 위해서는 다음을 참조하라. 안근조, "욥 31장에 나타난 구약성서의 윤리", 『구약논단』 36 (2010), 71-91.

183) 만프레드 외밍, 콘라드 슈미트/임시영 옮김, 『욥의 길: 고난에 멈추다 그리고 고난으로부터 걷다』 (서울: 대한기독교서회, 2017), 100.

184) 욥기 31장과 십계명과의 관계를 위해서는 다음을 참조하라. 외밍, 슈미트, 『욥의 길』, 93-120.

185) 외밍, 슈미트, 『욥의 길』, 113.

186) 마르틴 에브너, 수테판 슈라이버/이종한 옮김, 『신약성경 개론』 (왜관: 분도출판사, 2013), 300-304; 마크 포웰/배용덕 옮김, 『누가복음 신학』 (서울: 기독교문서선교회, 1995), 126.

187) Ulrich Luz, "Das Evangelium nach Matthäus", EKK 1/3 (Zürich, Düsseldorf, Neukirchen-Vluyn: Benziger Verlag und Neukirchener Verlag, 1997), 517.

188) Luz, "Das Evangelium nach Matthäus", 543-544.

189) 존 바턴/전성민 옮김, 『온 세상을 위한 구약윤리』 (서울: IVP, 2017), 118.

190) 크리스토퍼 라이트/김재영 옮김, 『현대를 위한 구약윤리』 (서울: IVP, 2016), 410.

191) 김근주, 『특강 예레미야』 (서울: IVP, 2013), 85.

192) 현재적 관점에서 본다면 아버지뿐만 아니라 어머니를 포함해서 부모와 보호자로서의 역할을 의미하는 것으로 이해해야 한다.

8장. "보라, 압제당하는 자들의 눈물을!"(전 4:1b): 사회 정의와 인권에서의 차별에 대한 전도서의 교훈193)

구자용(독일 본대학교 신학박사, 구약신학 전공)

I. 들어가는 말

한국사회에서 '차별'의 문제는 다양한 모습으로 나타난다. 얼마 전 전라남도 한 어촌 마을의 어부 '김정인' 씨에 대한 소식을 접하였다. 그는 1980년 박정희와 전두환의 군사독재 시절 삼촌 '박양민'의 간첩 사건에 억울하게 연루되어 체포된 후, 그 자신뿐만 아니라 아내, 동생, 모친, 외척 등도 중앙정보부에서 고문을 당하였다. 또한 그는 허위 자백한 후, 재판에서 잘못된 판결을 받고 억울하게 복역했을 뿐 아니라 형장의 이슬로 사라졌다. 놀라운 것은 그 재판이 29년이 지난 2009년 재심에서 무죄로 뒤집어졌다는 사실이다. 한 가문을 철저하게 파탄 낸 이 사건에 대한 기사들을 읽으며, '어떻게 그런 부당함이 있을 수 있을까? 그 불의가 어떻게 그렇게 오랫동안 방치되어 있었던가? 그들이 당한 압제의 고통은 도대체 무엇으로 설명하고, 어떻게 보상할 수 있는가? 우리 사회는 이런 문제들에 대해 이 정도밖에 해결 능력이 없는가?'를 생각하며 절망하였다. 이 사건은 그나마 억울함을 풀었지만, 아직까지도 밝혀지지 않고 있는 억압과 관련된 수많은 억울한 일들이 우리가 살아가는 이 사회 속에 아직도 비일비재하다. 또한 그에 대한 적절한 도움이나 대책이 없이 사회 정의와 인권으로부터 철저하게 차별받는 사람들이 있음을 생각하면, 더욱 암울해진다. 이런 일들에 대해서 우리는 무엇을 해야 하는가?

이런 사회를 살아가는 '우리'가 속한 한국교회는 실상 사회적 약자에 대해 적절한 태도를 보여 주지 못하고 있다. 그뿐 아니라 때로는 이런 억압을 행사하고 억울함을 안겨 주며 차별하는 주체가 되기도 한다. 그러므로 누군가는 본질적인 그 문제부터 해결할 것을 주장할 수도 있겠다. 그러나 먼저 자신을 개혁하고 나서야 무엇을 해야만 한다고 생각하는 자세는 종종 자신의 책임을 방기하는 결과로만 봉착할 뿐이다. 이런 사회적 문제에 대해 우리가 책임을 가지고 있다는 의식으로부터 그런 부당함을 지적하고 비판하는 것은 어쩌면 우리 한국교회 자체에 내재해 있는 억압의 문제를 해결해 나가는 첫걸음이 될 수 있다. 그래서 필자는 한국교회의 일원이며, 무엇인가 목소리를 내야 할 책임을 스스로 느끼고 있는 한 사람으로서 이런 한국사회의 문제를 대하는 적절한 삶의 태도가 무엇인지를 생각해 보고자 한다. 그러나 전체를 통찰하는 안목의 부족을 시인하며 단지 구약의 전도서를 통해서 이 문제를 살펴볼 것이다. 특히 모든 종류의 권력을 쥔 자 앞에서 억압을 받지만 어떠한 도움이나 해결책도 얻지 못하는 사회적 약자들의 모습을 전도서가 어떻게 그려 내고 있는지와 해결책으로 제시하는 것은 과연 무엇인지를 고민해 보고자 한다.

특히 전도서를 그림으로 이해하고자 할 때, 눈에 들어오는 인상적인 몇 구절들 중의 하나인 4장 1b절의 "보라! 압제당하는 자들의 눈물을!"을 자세히 살펴보고자 한다. 이것은 전도자가 압제당하며 사회 정의와 인권으로부터 차별받고 있는 자들의 문제를 다루는 가장 인상적인 그림이다. 이 그림은 마치 사람이 살아가는 고달픈 삶의 단 한 장면만을 보여 주는 스냅 사진과 같이 보이지만 실상은 그렇지만은 않다. 전후로 연결되는 서술들이 보여 주는 몇 장의 그림을 함께 살펴볼 때에 전도자가 그 그림들을 통하여 우리에게 억압과 박해를 통해 사회 정의와 인권에 있어 차별을 받는 사람들의 아픔을 조용히 보여 주고 있음을 깨닫게 된다. 전도자는 과연 삶속의 이 그림들을 통하여 어떤 교훈을 주고자 하는가?

Ⅱ. 사회 정의와 인권에서 차별받는 사람들에 대한 전도 서의 본문들

전도서에는 사회 정의와 인권에 관한 관심이 묻어 있는 몇 구절이 있다. 가장 먼저 떠오르는 것은 4-5장의 두 곳(4:1-3; 5:8-9)과 3장 말미(3:16-17)이다. 또한 7장 말미에 여성에 관한 진술도 이 맥락에서 논의할 수도 있으나, 사실 그 부분은 여성의 문제를 다루고 있다고 보기에는 어려움이 있으므로 논외로 한다. 또한 권력에 대한 태도를 진술하는 8장 초반도 다분히 왕의 지혜, 즉 왕에 관한 혹은 왕 앞에서 취할 행동에 대한 지혜를 말하지만 논외로 한다. 왜냐하면 이것을 전도자의 의견이 아닌 비판을 위한 인용으로 보기도 하기 때문이다. 그래서 이 글은 우선적으로 전도서 4장의 진술에 집중하되 전후의 연관된 구절을 함께 살피며, 전도자가 사회 정의와 인권에서 차별받는 사람들을 어떻게 그리고 있는지 그리고 그 해결책을 어떻게 제시하고 있는지를 살펴보도록 할 것이다.[194]

1. 전도서 4장 1-3절

4장 1절은 '내가 다시 해 아래에서 ○○○ 보았도다'로 시작된다. 전도자는 3장 말미(22절)에서 사람이 자신의 일에 즐거워하는 것과 그가 지닌 한계를 인정하는 것에 대해서 논의한 후 새로운 주제를 거론하고 있다. 4장 1절에서 전도자가 보는 것은 '압제당하는 자들'이다. 아모스 3장 9절에서도 비슷한 표현을 볼 수 있는데, 여기서는 '해 아래에서 자행되는'이란 관계대명사절에서 '자행되는'이 분명 '압제당하는 자들'과 연결되어 있다. 여기서 특히 '해 아래에서'란 표현은 전도서의 특징적 언어로, 전도자가 관찰하는 인간의 세상 전체를 의미한다.[195] 사람들이 살아가는 세상에서 자행되는 모든 종류의 학대 혹은 압제의 문제를 전도자는 지금 하나의 그림으로 독자들에게 보여 주는 것이다.

전도자는 '모든 종류의 압제'를 논의하면서 강렬한 한 폭의 그림을 우리에게 선보인다. 그것은 바로 '압제당하는 자들의 눈물'이다. 전도자는 이 그림에 '보라!'라는 외침을 통해 독자들을 초대한다. 이 구절은 비록 짧지만 첫 초점을 압제당하는 자들의 눈에 맺힌 눈물에 맞춘 후, 이것을 다시 연속되는 3개의 그림(①-③)으로 확장한다.

압제당하는 자들의 눈물(4:1)
① 그런데 그들에게 위로자가 없음
② 그리고 압제하는 자들의 손으로부터의 힘[폭력]
③ 그런데 그들에게 위로자가 없음

첫 번째 그림 ①은 '그런데 그들에게[을 위한] 위로자가 없음'이다. 두 번째 그림 ②는 '그리고 그들을 압제하는 자의 손으로부터의 힘[폭력]'이다. 세 번째 그림 ③은 다시 '그런데 그들에게[을 위한] 위로자가 없음'이다. 여기서 ①과 ③의 그림은 교차대구를 만들어 후렴구와 같이 반복되며, 압제당하는 자들의 눈물에 대한 그림과 압제하는 자들의 손으로부터의 힘[폭력]에 대한 그림(②)을 묶어 연결할 뿐 아니라 미묘한 대조를 이루게 한다. 이를 통해 압제를 당하는 자와 압제하는 자의 폭력적 관계성이 극적으로 드러난다. 또한 압제당하는 자의 눈물과 압제하는 자의 손, 그 손으로부터 기인하는 힘[폭력]의 폭력적 관계성을 대조시킨다.

전도자가 펼쳐서 보여 주는 이 장면은 어떤 장황한 설명이 붙어 있지는 않으나, 사회 정의와 인권에서 차별받고 압제당하는 사람들의 적나라한 모습과 그것이 가진 폭력적 구조를 잘 드러내 보여 준다. 그런데 여기서 반드시 주목해야 하는 장면이 하나 더 있다. 그것은 ①과 ③의 그림인 '그런데 그들에게[을 위한] 위로자가 없음'이다. 두 번씩이나 반복되며, 조용히 읊조려지고 있는 이 그림의 목소리는 그 폭력의 상황 가운데서 위로자가 없음이다. 왜 위로자가 없는 것인가? 도대체 위로자는 어디에 있는 것인가?

사람의 인권이 유린되고 정의가 무너지며, 약자들이 압제를 당하는 많은 현상을 본다. 그런데 그런 상황 가운데서 왜 위로자가 없는 것인가? 전도자는 이 문제에 대해서 무엇이 문제인지를 논의하지 않는다. 분노하지도 않는다. 대신 그 자신이 살아 있음에 대해 탄식한다. 그리고 함께 살아 있는 자들에게 함께 탄식하게 한다. 그래서 이 탄식은 단순히 압제당하는 자에게만 제한되지 않고, 살아서 해 아래에서 자행되는 악한 행위를 보고 있는 자의 탄식이 된다.

4장 2-3절은 위의 현상에 대해서 묻는 물음에 대한 전도자의 일차적인 대답이다.

> 그리고 이미 죽은 자들을 행복하다고 칭송하는 것=나[나의 입장?][197)
> 여전히 살아 있는 저 산 자들보다 더 [나은 행복자로서]
> 그들 둘보다 더 행복한 자로서, 아직 존재하지도 않은 자를 [즉 최고의 행복자로서]
> [그래서] 해 아래에서 자행되는 악한 행위를 보지도 못한 자를 [행복하다고 칭송하고 싶다.]

전도자의 대답은 표면적으로는 당혹스럽고 자조적이고 무책임하게 보인다. 1절의 상황에 대해 책임을 지지 않아도 되는 죽은 자들과 차라리 태어나지도 않아서 이런 악한 일을 목격조차도 하지 않는 자들을 행복하다고 칭송하고 있다. 그러나 적어도 전도자가 '해 아래에서 행해지는 압제'와 '해 아래에서 자행되는 악한 행위'를 이 단락의 처음(1절)과 끝(3절)에 배치한 것에서 우리는 전도자가 이 압제의 행위를 명백히 '악한 행위'로 규정하고 있음을 확인할 수 있다. 또한 그가 그림으로 그려 내는 압제당하는 자의 눈물[첫 그림]과 그들을 압제하는 자의 손으로부터 나오는 폭력[그림 ②]을 표현하고 이 일에 대한 해결자 혹은 위로자가 없음[그림 ①/③]을 고발하는 연속된 그림을 보여 줌으로써 이 문제를 마음에 품고 있음을 확신하게 된다. 그러나 여전히 남는 의문은 '그런데 그다음 우리가 할 행동은 무엇인가'일 것이다.

전도자의 그림 속의 이 모습은 사실 우리 대부분의 모습일 것이다. 한국사회에서 자행되는 많은 압제와 학대, 불의 그리고 그 아래에서 눈물을 흘리는 많은 약자들의 모습을 안타까워하지만, 적절한 무엇을 행하지 못하는 대부분의 사람들의 모습을 전도자는 표현하고 있는 것이다. 그러나 전도자는 단순히 이 모습만을 보여 주지는 않는다. 전도자의 그림 속에는 사실 그 광경을 목격하면서도 아무것도 하지 못하는 그 자신을 포함한 대부분의 사람들의 모습에 대한 '고발'이 포함되어 있다. '그렇게 사는 것이 죽는 자들보다 혹은 아예 태어나지도 않은 사람보다 무엇이 더 나은가?'라고 말이다. 살아 숨 쉬는 양심의 목소리는 발산되어야 하며, 행동으로 움직여져야 한다.

2. 전도서 3장 16-17절

4장 이전에 사실 이와 비슷한 문제인 '해 아래에서 자행되는 악행'이 언급되었다. 그것은 3장의 말미에서이다.

해 아래에서 나는 또 보았다.

정의의 재판 자리,[198) 거기에 악행이!
의의 자리에, 거기에 악행이!
내가 마음속으로 말했다[생각했다].
그 의인과 그 악인을 하나님이 심판하실 거야.
진실로[왜냐하면] 모든 추구하는 일[사건]에 그리고 모든 행함에
대하여, 거기에 시기가 있으므로(3:16-17).

전도자는 '헛됨'이라는 모토에 점철되었던 그리고 인간이 추구하는 행복의 한계를 절박하게 인식하고 있다. 그는 잠깐잠깐 인간의 행복은 단지 하나님이 허락하신 것 안에서 기쁨을 누리는 것이란 진술을 이어 간다. 그러다가 3장에서 그가 때의 노래를 서술한 후 처음으로 맞닥뜨린 세상에 대해 관찰한 것, 즉 '내가 보았다'의 대상은 바로 해 아래에서 자행되는 불의의 모습이었다. 정의로운 재판이 진행되어야 할 그 자리에, 바로 거기에 악행이 있으며, 의가 시행되어야 할 그 자리에, 바로 거기에 악행이 있는 모습이었다. 세상에 대한 전도자의 처음 관찰은 아마도 전도자 자신에게 있어 손으로 입을 가릴 만큼의 충격으로 다가왔을 것이다. 그래서 그는 마음속으로 조용히 되뇐다. '그러나 그에 대한 하나님의 심판이 있을 거야. 모든 일들에는 때가 있으므로, 조용히 기다리면 반드시 그 심판이 있을 거야'라는 식으로 말이다.[199)

그러나 3장 말미에 계속하여 이어지는 '인생들의 일'에 대한 전도자의 진술은 자신이 마음속에 되뇐 하나님의 심판에 대한 그 생각에 회한이 남음을 드러내고 있다. 인간이 짐승과 비교하여 나을 것이 없음을 강하게 주장하며, 특히 21절에서 죽음 이후 인생들의 혼은 위로 그리고 짐승들의 혼은 아래로 내려간다고 하는 주장에 대해 '[그것을] 누가 안다는 말인가?'라고 말하며 강하게 반문을 제

기하는 전도자의 모습은 오히려 애절하게 보인다. 그래서 더욱 전도자 자신을 포함한 인생의 연약함이 느껴진다. 결국 그는 인간이 지혜가 많으면 번뇌함도 많다고 자조한다(1:12-18). 그렇다면 자신의 나약함을 인정하는 겸손에, 오로지 하나님의 허락하신 몫에만 만족하고 살아야 하는가? 그래서 전도자는 다시 카르페 디엠(*carpe diem*, 현재를 잡아라)의 모티브(3:22)를 제시하는 것인가?

이 애매모호한 진술 이후에 앞에서 살펴본 4장 1절('내가 다시[!] 해 아래에서 […] 살펴보았도다!')이 등장한다. 그렇다면 앞의 회한 속에서 가지고 온 문제에 대해서, 시원하게 해결하지 못한 의문에 대해 전도자는 다시 동일한 주제로 돌아간 것으로도 볼 수 있지 않을까? 그래서 아직 찜찜함이 가시지 않은 사회 정의의 그 문제로 '다시' 돌아간 것은 아닐까? 어쨌든 이 문제를 전도자는 5장 8-9절에서 또다시 거론한다.

3. 전도서 5장 8-9절

전도서 4장과 5장의 구성은 독특한 면이 있다. 4장부터 논의되는 주제들은 5장 초반부의 신학적 진술200)을 중심으로 서로 대칭적으로 배열된 구조를 지니고 있다. 그리고 유심히 살펴보면 각각의 주제가 반복적으로 언급되는 것을 알 수 있다. 우리가 논의하고 있는 압제와 차별의 주제 역시 반복된다. 4장 초반부의 진술이 바로 5장 8-9절에서 다시 논의되는 것이다.

> 만약 그 메디나[관할구역]201)에서 가난한 자를 압제하는 것과 정
> 의와 공의가 시행되지 않는 것을 네가 목격한다 할지라도 그 사건

에 대해 너무 놀라지 마라.
왜냐하면[진실로] 높은 자 위에 [그를] 감시하는 더 높은 자가 있
고] 그리고 그 둘 모두 위에 더 높은 자들이 [있다.]
땅에서 나는 유익한 것[소산물], 그것은 모든 자에게, 왕은 싸데
[경작지][202]에 대해서[만] 섬김을 받는 자[일 뿐]!

이제 전도자는 압제의 문제를 더 이상 '해 아래에서'의 보편적
문제로만 보지 않고 구체적으로 힘[폭력]과 권력이 작용하는 세상,
즉 '메디나'의 문제로 좁혀 거론한다. 가난한 자를 압제하는 문제와
정의 그리고 공의가 시행되지 못하도록 권력자들이 붙잡아 막는 일
을 목격하는 누군가의 모습을 그리고 있다. 이 사람은 당연히 놀람
과 분노를 품게 될 것이다. 그리고 무엇인가 해야 할 양심과 용기
가 없음에 좌절하며 삶의 회한을 느끼는 모습일지도 모른다. 그런
데 이 사람을 향해 전도자는 너무 놀라지 말라고 권고하고 있다.
무엇을 하려고 해도 되지 않을 터이니 그냥 포기하라는 말인가? 이
것은 도대체 무엇인가?

이 대목에서 확실히 전도자는 반(反)혁명가이며 압제와 불의의
문제를 회피하려는 비겁한 자라고 말하지 않을 수 없다. 그러나 과
연 실제로 그럴까? 3장 말미에서 4장 초반부로 이어지는 가운데서
도 전도자가 이 문제를 포기하지 않고 오히려 점점 더 신중하게 그
리고 더 많은 그림을 통해 논의를 이어 가고 있음을 생각하면 그것
은 섣부른 판단일 것이다. 이것이 만약 섣부른 판단이라면, 전도자
가 이 문제에 대해서 우리에게 주는 교훈은 무엇인가?

전도자는 여기서 우리의 시선을 조금은 위를 향해 들도록 유도한
다. 어떤 높은 사람, 그 사람은 감히 상대할 수조차 없는 높은 권력
을 쥔 자이며, 폭력을 자행하며, 약한 자들을 압제하는 자일 수 있

다. 그런데 그 높은 자 위에 그보다 더 높은 자가 있어 그 높은 자를 감시하는 것을 보게 한다. 그리고 더 높이 시선을 끌어올려, 그 둘보다도 더 높은 자들이 있음을 보게 한다. 그리고 언급되지는 않았지만, 전도자는 이 모두보다 훨씬 더 높은 하나님을 보라고 권고하고 있다. 그 하나님은 5장 초반부에서 서술된 대로 그 앞에서 신중함을 보여야 할 대상이며, 해 아래의 인간이 삶 속에서 언제나 경외의 대상으로 삼아야 할 대상이다.

마지막으로 전도자는 왕의 모습에 대해서도 말한다. 땅으로부터 나오는 모든 유익한 것들, 즉 그 소산물은 우리가 의식하든 그렇지 않든 간에 모두 하나님으로부터 각각의 사람과 동물들에게 주어지는 것이라고 전도자는 말한다. 그에 반해 왕은 단지 밭에 관해서만, 즉 관리되고 경작되는 곳인 '싸데'에 관해서만 섬김을 받는다는 사실을 부각시킨다. 가난한 자를 압제하고 정의와 공의가 시행되지 않는 메디나에서의 왕은 오로지 사람의 권력과 그 조직을 통해서만 힘을 얻는다. 그러므로 어떤 높은 권력자가 혹은 왕이 압제를 자행하고, 정의와 공의가 제대로 시행되지 못하도록 막는 불의를 저지른다 할지라도, 그들은 단지 하나님 앞에서 하찮은 존재일 뿐이므로, 놀랄 필요가 없다.

압제의 문제를 다루는 전도서의 여러 그림을 비교, 분석해 보면 이와 같다. 3장 말미에서 전도자가 보인 '해 아래에서 자행되는 악행'에 대한 그림, 즉 구체적으로 재판과 의의 자리를 구체적으로 거명하며 서술한 세상에 대한 그림은 단지 '마음속에서만' 기대하는 하나님의 심판과 시기로 연결된다. 그리고 인생의 일들에 대한 자조적 그림과 크게 설득되지 않는 카르페 디엠으로 이어진다. 그러나 이 모호한 진술의 끝은 여기가 아니다. 이 그림은 4장 초반부의 '해 아래에서 자행되는 압제자와 그의 손의 폭력'에 대한 그림과 그 그림에 대조적으로 함께 담겨 있는, 즉 '그 아래서 압제당하는 자와 그의 눈에 맺혀 있는 눈물'로 이어진다. 더구나 이 장면 속에는 압제에 대해 '위로자가 없음'이라는 안타까움이 암시되어 있다. 이 사실은 압제당하는 자가 압제자의 압제에 대해 흘리는 눈물뿐 아니라, 그들에게 위로자가 없음에 대해 흘리는 눈물 속에서 나타난다. 압제로부터의 차별은 이렇게 두 방향으로부터 생성될 수 있다. 위로자가 없음의 그림은 이어서 삶에 대한 혐오로 나타난다. 압제당하는 자에 대해 양심이 살아 있는 자가 무엇인가를 하지 못함은 그 삶의 의미를 잃게 한다. 그래서 전도자는 살아서 이 불의를 보면서도 아무것도 하지 못하는 산 자보다 이미 죽은 자가, 그리고 그 둘보다 아예 태어나지도 않아서 존재조차도 하지 않는 자가 더 행복함을 서술한다. 전도자의 이 문제에 대한 논의는 5장 초반의 하나님 앞에서의 신중한 삶과 경외에 대한 인생의 본분에 대한 그림 이후, '해 아래'라는 보편적인 세상이 협의적으로 급격히 축소된 '메디나'와 그 안에서의 압제로 이어진다. 강한 자의 압제에 대해서 그에게는 그보다 더 강한 자가 있음을, 그리고 그 둘보다 더 강한 자가, 즉 왕이 있음이 그려진다. 그리고 이후 모든 사람에게 주어진 땅의 혜택과 왕에게만 주어지는 밭의 소산의 혜택이 대조되는데, 이것은 왕의 한계와 강함 뒤에 숨겨진 나약함을 상징한다.

  일련의 그림들을 비교해 보면, 먼저는 하나의 관찰적 사실에 대한 그림이 점점 세밀하게 관찰되고 점점 구체적인 그림으로 발전하며 원칙만을 내세우던 무비판적인 자세가 매우 신랄한 비판으로 발전해 감을 알 수 있다. 마지막 그림은 하나님을 신뢰함에 기초하여 가해지는 권력자에 대한 신랄한 비판과 각자 각자가 압제당하는 자들에게 위로자가 되어야 함을 명시하고 있다. 10장 16-17절을 보면, 전도자는 몸소 권력자에 대한 비판을 용감하게 실행하고 있다.

땅 위에서의 사회 정의 문제와 인권에 있어서 차별을 당하는 약자들의 문제에 대해서 전도자는 그림을 통해 명확한 해답을 제시하고 있다. 해 아래에서 자행되는 모든 불의들, 정의롭게 이루어져야 할 재판 자리에서 벌어지는 악행, 의의 자리에 버젓이 자리 잡고 있는 악행, 땅 위의 정의를 위해 주어진 권력을 쥔 자들이 오히려 가난한 자와 약자들을 압제하는 모습들, 즉 도무지 정의와 공의가 시행되지 않고 온갖 차별이 횡행하는 세상의 모습 앞에서 위로자가 되어 주지 못하고 단지 살아 있는 양심을 탄식하기만 하는 자들을 전도자는 격려한다. 하나님을 신뢰하는 자라면, 압제로 인해 차별받는 약자들을 위해 두려움 없이 당당하게 할 일을 하라고 말이다.

Ⅲ. 나가는 말

황홍렬은 갈등/분쟁 지역에서의 평화선교 전략으로서 글렌 스타센(Glen Stassen)을 인용하며, 선교로서의 평화운동의 원칙 중의 하나로 인권과 정의를 구해야 함을 피력하였다. 인권 문제를 가볍게 여기는 것은 평화의 부재를 의미하기 때문에 약자를 위해 인권과 정의를 구해야 하며, 인권 박탈, 인종적인 민족주의, 경제적 파국은 폭력적 갈등이나 전쟁의 요인이 될 수 있음을 경고한다.203) 하나님을 우리가 살아가고 있는 '공적인 광장을 감독하는 분'204)으로 인정한다면, '하나님의 선교'(Missio Dei)를 담당할 하나님의 백성이 된 자들도 당연히 공적 광장에 하나님의 공의와 정의가 실현되도록 역할을 해야 할 것이다. 전도자는 사람이 사람을 주장하여 해롭게 하는 것(8:9)을 경고한다. 특히 이것이 억압으로 나타날 때 우리가 무엇을 할 것인가를 말이 아닌 그림으로 보여 주며 던지는 교훈은 이와 다르지 않다. 이는 방관자로서의 삶의 태도가 아닌, 사회를 적극적으로 비판하고 선도하는 변혁자로서의 삶의 태도를 말하는 것이며, 그 근거는 바로 보편성에 근거한 하나님의 정의와 심판에 있음을 말하는 것이다. 그러므로 정의의 문제에 있어서 천덕꾸러기가 된 한국교회의 회복의 출발점은 '위로자가 없음'의 상태에서 '위로자'로 나서는 것, 두려움 없이 불의와 압제의 문제를 지적하고 대항하는 것이라고 할 수 있다.

전도서에 관해서 더 연구하고 더 궁리해야 할 여러 문제 중의 하나는 바로 압제와 불의의 문제일 것이다. 이는 이 문제로 인해 사회 정의와 인권에서 차별을 받는 사람들에 대해 우리가 가져야 할 삶의 자세에 관한 것이다. 분명한 것은 전도자가 이 문제를 결코 놓치고 있지 않다는 것이다. 그가 세상을 보는 날카로운 시선으로부터 이 문제는 결코 소홀히 취급되지 않는다. 명확하게 '나가 싸우라!'고 전도자가 말하지는 않으나, 적어도 '두려움 없이 이 문제를 고민하고 다루며, 하나님을 신뢰한다면 용기를 가지고 이 일에 대처하라!'고 말하고 있다. 우리는 종종 내 자리를 지키는 것에만 만족하고 살아간다. 처음에는 전도자도 그러하다고 생각되었다. 세상을 세밀하게 관찰하고 생각하고 깨달은 것을 과감하게 진술하는 전도자가 사회 정의와 인권의 문제와 관련하여 압제당하는 자들의 모습 앞에서는, 심지어는 그들이 위로자도 없이 내버려지는 것을 관찰하면서도, 뾰족한 수 없이 회의하고 자조하고 삶을 혐오하기까지 한다고 생각하였다. 그러나 압제에 대한 그림들을 이어 놓고 보면 그것이 결코 그렇지 않음을 발견할 수 있다. 전도자는 이 문제의 결론을 하나님 신뢰와 용기 있게 행동함으로 내리고 있다.

　신학을 공부하고 열심히 연구하며 성실하게 살아가는 삶의 모습에 학자가 살아 있는 양심을 가지고 부끄러움 없이 살아가는 것이 또한 포함되어 있는가? 무엇이 정의인지 알고 있는데, 무엇이 결코 정의가 아님을 모르지 않는데, 가만히 앉아서 '아, 저들에게 위로자가 없구나!' 하면서 탄식만 하는 모습은 전도자의 비판 앞에 놓여 있는 안타까운 모습일 뿐이며, 그 자리에서 당장 일어나 무엇인가를 위해 행동해야 할 모습으로 바뀌어야 할 것임을 깨닫는다. '구체적으로 무엇을 할 것인가?' 여전히 생각에 생각이 연속되고, 명확한 무엇인가가 잡히지 않고 있지만, 전도자의 이 교훈은 누군가를 포함한 많은 양심 있는 학자들로 하여금 용기 있게 걸음을 떼도록 하기에 전혀 부족함이 없어 보인다.

미주

193) 이 글은 필자의 최근 논문인 구자용, "'힌네, 디메아트 하아슈킴!'(전 4:1b): 사회 정의와 인권
    에서의 차별에 대한 전도서의 교훈", 『미션 네트워크』 제7집(2019년 12월): 121-141을 토대로
    하고 있으며, 대중성을 위해 제목과 히브리어 그리고 기타 전문적인 표현들을 생략 혹은 수
    정한 것 외에, 다른 내용에 있어 차이가 없음을 미리 밝혀 두는 바이다.

194) 권력자 혹은 왕에 대한 비판적 진술(10:16-17)과 정반대의 모습인 듯 보이는 진술(10:20)은 일
    단은 여기서 논외로 하나, 특히 10:16-17은 추후 다시 언급할 것이다.

195) 좀 더 세분하여, '하늘 아래'는 다소 중립적인 표현으로 피조세계 전체를 의미하며, '해 아래'
    는 인간의 삶의 부정적인 면을 언급할 때 사용되는 표현으로도 볼 수 있다.

196) 힘의 상하 관계를 더 잘 표현하기 위해 학대하는 자와 학대당하는 자의 위치를 변경하였다.

197) 이 문장은 명사 구문으로 볼 수 있다. 관계대명사절로 수식되고 있는 목적어와 목적어를 가지
    고 있는 부정사 구문(inf. abs.)이 '나'라는 일인칭 대명사와 동격으로 표현되고 있다. 그래서
    이 문장을 의역하며 자연스러운 문장으로 구성하지 않고, 위와 같이 도식화하여 표현해 보았
    다. 그리고 꺾은 괄호 안의 문장들은 자연스럽지 않은 직역의 이해를 돕기 위해 문맥을 통해
    삽입한 것임.

198) '미쉬파트'는 '정의' 혹은 '재판' 등의 의미를 가지고 있지만 이것을 합쳐서 이렇게 표현하였음.

199) 여기서 전도자가 세상의 불의에 대해서 잠시 회피하고자 하는 자세를 보이고 있는지, 아니면
    세상의 불의에 하나님의 심판이 있으며 그 심판이 지체되는 것은 시기가 정해져 있기에 그런
    것일 뿐임을 경고하는 것인지는 해석자들에 따라 다를 수 있다.

200) 히브리어는 4:17-5:6.

201) '메디나'의 여기서의 용례를 주로 에스더서나 에스라, 느헤미야에서 빈번하게 사용되는 용례와
    비교하여 특별한 차이점을 둘 필요는 없어 보인다. 즉 이 용어는 페르시아의 행정구역의 단위
    로서의 '구역'으로 이해하는 데에 전혀 문제가 없다. 이에 관해 W. Gesenius, *Hebräisches u.
    Aramäisches Handwörterbuch über das Alte Testament*, 18. Auflage Gesamtausgabe (Heidelberg
    u. a.: Springer, 2013), 633을 보라.

202) '에레츠'와 '싸데'를 필자는 '자연적인 땅'과 '경작지'로 구분하여 보았음.

203) 황홍렬, 『생명과 평화를 위한 선교학 개론』 (서울: 동연, 2018), 316.

204) Christopher J. H. Wright/한화룡 옮김, 『하나님의 백성의 선교』 (서울: IVP, 2015), 334-335.

9장. 교파주의 차별에 대한 비평적 접근:
사마리아 제의분리의 성경증언 관점에서

오민수(독일 킬대학교 신학박사, 구약신학 전공)

I. 들어가는 말

신약성경에서 사마리아인의 선행은 두드러지게 부각된다. '선한 사마리아인의 비유'에서 예수님께서는 "가서 너도 이와 같이 하라"(눅 10:37)는 말로 그의 행위를 칭찬하신다. 당시 유대사회는 행정지역 사마리아의 차별이 극심하였다. 한 사마리아인의 행동은 복음이 말하는 '원수 사랑'의 전형을 보여준다.

일반적으로는 사마리아인들에 대한 차별의 기원이 역사적이고 종교적이라고 이해한다. 그리고 그 이해의 근거가 되는 대표적인 본문으로 열왕기하 17장 24-41절, 에스라 4장 1절-5장 7절 이하, 그리고 느헤미야 2-6장과 13장이 있다. 열왕기 기사의 본문은 북왕국 멸망 이후 사마리아의 종교적 풍토(우상숭배)를 지적하고 있다. 에스라와 느헤미야의 본문은 골라(Gola)에서 돌아온 귀환민들이 공공체를 형성하였고 예루살렘에서 이들의 도모를 사마리아인들을 중심으로 방해했다는 기록과 상류층들과 백성들의 혼합혼 문제를 주제로 하고 있다. 이들 본문을 1차원적으로만 읽는다면, 단지 적대하던 무리에 대한 신앙의 승리, 야훼신앙의 순수성 보존으로만 이해된다. 이로 통한 부정적인 영향이라면 예수님 시대에도 만연하였던 사마리아에 대한 배타주의와 차별일 것이다. 이런 견해는 신앙의 순수성을 떠나 단순한 동질감 형성이라는 정체성 강화로 남용될 수 있으며, 타 종파에 대한 분리 강화뿐만 아니라, 차별과 배척과 몰이해, 권리 박탈을 강화시킬 위험이 있다.

본 연구는 구약시대의 야훼신앙 내의 첫 번째 대분리라고 할 수 있는 성경 속 사마리아 제의분리의 증언을 살펴보는 것을 목표로 한다. 이를 위해 연구자는 시대사적이고 종교사회학적인 측면에서 접근하여 당시 상황 전개를 조명해 볼 것이다. 마지막으로, 오늘날 교파주의 속에 살고 있는 그리스도의 교회를 위한 대안적 지침의 단초들을 모색해 보고자 한다.

Ⅱ. 사마리아 사건의 전개

구약성경 내에서 사마리아에 대한 인상을 결정짓는 몇 가지 역사적인 단서들이 있다. 그 첫 번째는 르호보암 시대 북쪽의 10지파가 여로보암을 옹립하고 독립을 선언한 것이다. 여로보암 시대의 북이스라엘의 중심지는 '디르사'였다(왕상 14:17). 열왕기 기자는 북이스라엘의 남쪽과 북쪽의 국경도시인 베델과 단에 금송아지상을 세우고 독립적인 제의를 시작하는 것을 비판하고 있다. 이때까지도 사마리아는 정치적으로나 역사적으로 그렇게 큰 비중을 차지하지 않고 있었다. 두 왕국의 분열 이후 남과 북의 영토분쟁이 끊이지 않았으나, 오므리 왕조에 들어서서 남왕국은 북왕국의 국정운영의 파트너가 되고 아합과 여호사밧은 친인척 관계가 되어 화해의 분위기가 조성된다. 그리고 오므리 시절, 북왕국의 정치적 수도는 '디르사'에서 '사마리아'로 옮겨지게 되는데(왕상 16:24), 이때부터 사마리아는 북왕국의 중심적인 도시가 된다. 사마리아의 중요성이 부각된 두 번째 사건은 종교적이고 정치적인 것이었다. 아합과 페니키아 공주와의 정략결혼이 바로 그것이다. 이를 통해 종교혼합주의 정책은 국가의 힘을 입고 나라 안에 급격하게 확산된다. 기나긴 '엘리야-엘리사 이야기'(왕상 17장-왕하 13장)는 한편으로는, 아합 왕가에 선언하신 하나님의 심판의 성취와 다른 한편으로, 이스라엘 내에 바알-아세라 숭배가 예후에 의해서 정치적이고 공적인 무대에서 성공적으로 제거되었음을 말한다. 그럼에도 이후에 약 100년간 지속되었던 예후 왕조 역시, 여로보암의 길을 떠나지 않았다는 열왕기 기자의 평가는 북왕국과 사마리아가 야훼신앙의 정통성에서 이탈하고 있음을 지적하고 있다. 그렇다고 북왕국이 야훼신앙이 아니었다든가, 또는 제의적으로 남왕국과의 분리주의를 택했다는 사실적이고, 직접적인 증거는 없다. 베델과 단의 성소는 단지 북왕국 국경지역을 표시하는 성소의 역할을 하였다. 송아지 모양은 솔로몬의 성소의 제의상징들처럼, 야훼의 임재를 상징하는 부장품이었을 것이다.205) 그럼에도 베델과 단의 금송아지는 끊임없이 광야시절의 배도(출 32-34장)를 연상시키고 있다. 열왕기서 기자는 단지 북왕국의 폐단을 베델과 단의 금송아지상 설립을 지적할 뿐, 야훼신앙으로부터의 배도를 명문화하고 있지 않다. 남왕국 역시도 지적받고 있는 문제가 있었다. 그것은 왕정이 예루살렘 인근과 주변 고장의 산당제사로 통한 ([비]야훼신앙적인/이교적인) 풍산제의를 허용하는 데 있었다(왕상 3:4; 왕하 15:14; 22:43; 왕하 12:3; 14:4; 16:4; 21:2; 비교. 왕하 16:4; 23:5). 이러한 측면에서 본다면, 북왕국은 종교혼합주의적이고, 남왕국은 그렇지 않았다는 평가는 그 타당성에 대해 재고해 봐야 하지 않을까? 놀랍게도, 열왕기 기자는 북이스라엘 멸망의 근거로 예루살렘을 중앙성소(?)로 삼지 않았기 때문이라고 평가하지는 않는다. 만일 야훼신앙의 전통성으로 측정해 본다면, 남북 왕조의 정통의 우열을 가린다는 것 자체가 문제일 것이다. 사실상, 두 왕국 모두 혼합주의를 가지고 있었다.

Ⅲ. 문제제기: 자료와 시대적 틀

이러한 맥락에서 살펴본다면, 유다 예루살렘 및 사마리아의 분쟁과 차별은 어디서부터 기원되었는지, 다시 살펴볼 필요성이 제기된다. 포로기 후기(페르시아 시대)에 있었던 이스라엘 내의 종교적인 분리를 '사마리아 종단 분리'라고 한다. 사마리아 종단 분리는 이후 그리스도교의 동서 양분을 제외한다면, 고대 이스라엘 종교의 '신앙의 유일한 분리'였다. 사마리아 종단 분리에 대한 종전의 일반적인 견해에 따르면, 이 사건은 기원전 520년 포로기 후기 귀환 이후, 유대인과 사마리아인들 사이의 충돌로 비롯되었고, 이런 배경적 이해 아래 열왕기하 17장 24-41절; 에스라 4장; 1-5장 7절 이하; 느

헤미야 2-6장; 13장을 해설한다.[206)]

하지만 이러한 접근은 하나의 각인된 인상을 모든 본문에 무차별적으로 적용하게 한다. 즉, 사건이 생성된 사회 역사적인 차원을 간과한 채 본문 그 이상의 것을 말할 위험이 생긴다. 각인이 미치는 파장효과와 별도로 실제 무엇이 발생했는지 개연성 있는 시대적 정황을 면밀히 살펴볼 필요가 있다. 따라서 연구자는 사마리아와 유대 사이의 갈등에 접근하는 방법에 있어서, 성경의 내적이고 외적인 증거를 토대로 가능한 범위 내에서 이 분쟁을 재구성해 보고자 한다. 역사적으로 명백한 사실은 사마리아 지역의 역사로 볼 때, 사마리아 공공체[207)](Gemeinwesen)의 독자적인 성립과 분리는 더 후대로 상정된다. 역사적 데이터를 보면, 후기 페르시아 또는 초기 헬레니즘 시대의 '그리심 산의 성전건축'(BC 330),[208)] 또는 기원전 2세기 요한 히르카누스(Johann Hyrkanus)의 '그리심 성전파괴'(BC 128)[209)] 또는 가장 늦은 시기로는 '그리스도교 생성기'[210)]에 사마리아의 제의적인 독립이 확립되었을 가능성이 있다. 이러한 역사적 사실은 성경의 내증과 배치되지 않는다는 사실은 다음의 관찰로 확인될 수 있다.

Ⅳ. 사마리아 혼합주의 발생의 원점 조명

사마리아와의 종교 갈등이 있어 보이는 본문으로 열왕기하 17장 24-34a; 에스라 4장 1절-5장 7ff; 느헤미야 2-6장; 13장을 들 수 있다. 이 본문들은 공통적으로 역사 평가와 함께 기록되어 있는데, 기록자의 관점은 반(反)사마리아적이고 친(親)유대적인 것으로 보인다. 사마리아 지역을 북왕국 멸망 이후에 이방의 혼합주의적 성격으로 특징화시키고 있다. 이들 본문은 문체상 논쟁적이며 다소 부풀려져 있지만, 그 핵심에 있어서는 사마리아 지역의 특성을 언급하고 있음 또한 사실이다. 쉐마리야후 탈몬(Shemarijahu Talmon)의 연구의 결론211)에 따르면, 사마리아에 남겨진 이들은 귀환한 유대 공공체와 종교적으로 연합하지 않았으며, 포로기 이후에도 세겜과 그리심을 중심으로 포로기 이전의 신앙방식을 그대로 고수하고 있었다.

우리는 앞으로 사마리아의 혼합주의에 대한 이론과 그 차별이 어느 정도 타당성이 있는지 살펴볼 것이다. 결론적으로, 사마리아인들의 공공체가 더 후대에 성립된 것으로 볼 수 있다. 사마리아인들은 열왕기하 17장 29절의 šomĕrōnîm(원문은 정관사 포함, haššōmerōnîm)과 이에 대응된 LXX의 명칭 samarîtai라는 외부적인 지칭 대신에, 자신들을 šamĕrîn(보존자/수호자)으로 명명하고 있다. 즉 자신들 스스로를 율법의 보존자212)라고 이해하고 있다. 그리고 또한 혼합주의는 그들의 공공체에 치명적인 위험으로 간주하고 있다. 분명, 역사적으로 안티오코스 4세(Antiochos Ⅳ, BC 215-164)의 시절에 사마리아인들 중에 '헬라주의적' 그룹이 있었던 것으로 보인다.213) 그렇지만 당시 사마리아만 '헬라주의적'인 영향력을 받았을까? 도리어 사마리아에서 헬라주의의 영향은 예루살렘보다 더 크지 않았다는 것이 분명하다.214)

그렇다면 열왕기하 17장 24f.의 구절은 사마리아인들의 어떤 문제를 지적하고 있는 것일까?

1. 논쟁 본문: 열왕기하 17장 24-41절

열왕기하 17장 24-41절은 BC 722년 아시리아의 사마리아 점령 이후, 당시 북왕국의 상태를 논쟁적으로 서술하고 있다. 열왕기하 17장 24-41절을 문자 그대로 읽어 보면, 후대 사마리아인들과는 연관되어 있지 않음을 알 수 있다.

29절의 핫쇼메로님(*haššōmerōnîm*, 그 사마리아인들)은 자주 혼합주의적인 사마리아인들을 지칭하는 구절로 인용되었다.215) 그러나 본문을 자세히 읽어 보면, 이들은 북왕국 멸망 직전에 북이스라엘에 거주했던 주민들을 말하고 있다. 6절과 23절에 따르면 사마리아에 있던 북이스라엘 사람들은 아시리아로 추방되었다.216) 반면, 24-34a절은 북이스라엘 사람들이 아니라 "사마리아 여러 성읍"(24절: 베이요셉 버아레 쇼메론/*wayyōšbû beārê šōmerôn*, '그리고 그가 사마리아 성읍들에 머물게 했다')에 유입되어 도시의 상류층을 형성한 이방 출신의 사람들을 다루고 있다. 여기서 '사마리아'는 '도시'가 아니라, 북이스라엘 말엽에 남겨진 아시리아의 '행정구역' 사마리아를 뜻한다. 새롭게 유입된 이방인들은 베델에서 야훼신을 무시하고 자신들의 신들을 섬기다가 피해를 겪게 되었다(25절). 아시리아 왕은 그들의 요청에 따라, 사마리아에서 사로잡아 갔던 이들 중 제사장 한 명을 베델로 보내었다(27절). 당시 베델에 이주해 있었던 이방인들 역시 북이스라엘 사람들을 뜻하지 않는다. 열왕기하 17장 33절("이와 같이 그들이 여호와도 경외하고 또한 어디서부터 옮겨 왔던지 그 민족의 풍속대로 자기의 신들을 섬겼더라")의 지적의 수신자들과 "그들이 오늘까지 이전 풍속대로 행하며 여호와를 경외하지 아니하며"(34a)에서 지적받고 있는 사람들은 이후 시대의 분쟁과 차별의 표적이 되었던 세겜과 그리심과는 아무런 관련이 없다.

그렇다면 이 논쟁적인 단락은 어떤 사건이나 대상과 연관되고 있을까? 이 질문은 본문의 배경 사건에 의존해야 한다. 첫째, 본문의 저자는 기원전 722년 사마리아 멸망 직후부터 발생하였던 종교적인 실태를 그려 주고 있다. 34a절("오늘날까지")은 저자의 시점을 보여 준다. [직역] '이날까지 그들은 이전의 풍속들을 따라 행하고 있다'(아드 하이욥 핫제 헴 오씸 캄미슈파팀 하리쇼님/ *'ad hayyôm hazze^h hēm 'ōsîm kammišpātîm hārî'šōnîm*).[217] '아드 하이욥'("오늘까지", '이날까지')은 당시 북왕국의 상황은 저자의 집필할 당시에도 여전히(!) 결정적이었음을 말하고 있다. 이들은 풍습(관습)을 원인론적(etiological)[218]이기보다는 '오늘까지' 지속적인 것(durative, *x-qotel*!)으로 말하고 있다. 만일 이 본문을 에스라 4장 1-5절과 학개 2장 10-14절 이후에 개시된 예루살렘 성전재건(BC 520-515)과 관련될 수 있는 '사마리아 종단 분리 사건'으로 읽을 수 있다면, 열왕기하 17장 본문은 포로기 후 '첫 신학적인 단절'과 차별을 뜻하게 될 수 있을 것이다. 그런데 자주 그렇게 가정되었던 것과는 달리, 결정적인 것은 열왕기하 17장 24-34a(그리고 34b-41절)는 예루살렘 성전제의에 사마리아인들의 참여 여부에 대해서 그 어떤 것도 말하고 있지 않다는 것이다.

둘째, 열왕기하 17장 24-41절은 에스라 4장 2절과 9절 이하와 사건적으로도, 기술하는 전문 용어적으로도 어떠한 연관성이 없다. 열왕기하 17장 본문은 '신명기적 어법'[219]으로 기록된 반면, 에스라의 본문은 '역대기 사가적인 어법'을 하고 있다.[220] 단지 열왕기하 본문은 아직 포로기적 정황 중에 있었던 사건이며, 이것은 사마리아 멸망 이후 공적인 제의에 있어서 아직 예루살렘에 고정되었던 그룹과 북왕국 사람들 간의 약 150년간 '포로기적인 긴장과 대결' 중에 일어난 일이라고 볼 수 있다. 열왕기하 17장 17, 29, 32절에서 이방 민족들의 혼합주의 제의를 '여로보암의 죄'와 동일 선상에서 논하고 있다(cf. 왕상 12:31f; 13:33f). 이런 저자의 논평은 우선적으로, 저자의 편을 향하고 있다고 할 수 있다. 왜냐하면 저자가 지탄하는 직접적인 수신자들은 이방인이었기 때문이다. 그들은 아시리아의 행정구역인 사마리아에 살면서 자신들의 신들의 법을 따르다가 이제 겨우 야훼신앙에 관심을 가지게 되었다. 이들이 '여로보암의 죄'를 알기는 만무하다.

요약하면, 열왕기하 17장 24-34a(-41절)에 염두에 두고 있었던 사람들(원독자)은 이주한 상류층이 아니라, (남왕국의 사람들 내지는) 아직도 사마리아 인근 고장에 머물러 있는 북이스라엘 사람들이었을 것으로 추정된다. 저자는 그들에게 이방 나라에서 유입된 상류층의 혼합주의로부터 벗어나서 예루살렘의 야훼제의로 돌아올 것을 요청하고 있다고 볼 수 있다.221) 40절, "그러나 그들이 듣지 아니하고 오히려 이전의 풍속대로 행하였느니라"는 이들이 예루살렘의 부름에 아직도(!) 응하지 않았음을 암시하며 탄원하고 있다.

사마리아의 멸망 이후-그리고 예루살렘 성전이 재건된 이후도 마찬가지로222)- 유대 '공공체' 지도력을 가진 사람들의 관심은 이전의 북이스라엘 출신의 후손들을 가능한 한 많이 유입하는 것이었다. 그러한 맥락에서 열왕기하 17장 24-34a(-41절)는 사마리아인들을 배제하는 기사(비교. 스 4:1-5)를 지지하는 것이 아니라, 그 역으로 그것을 상대화시키고 있다. 오히려 통합과 수용을 원하는 기사로 읽을 수 있다.

2. 에스라-느헤미야의 논쟁 본문 재고찰

에스라 4장 1절에서, 스룹바벨을 방문한 '차례 예후다 우빈야민'(*zārê yehûdā^h ûḇinyāmīn*, "유다와 베냐민의 대적")의 출신은 그들이 밝히는 바와 같이- "아수르 왕 에살하돈이 우리를 이리로 오게 한 날로부터"(2절: *mîmê'ēsar ḥaddōn mælæk'ašûr hamm 'ale^h'ōtānû po^h*)-이방인들이다. 즉, 이들은 사마리아 멸망 이후 이주한 이방 출신 상류층을 의미한다. 또한 이어지는 4절의 "유대 백성의 손을 약하게 하던" '암 하아레츠'(*'am-hā'ārez*, "그 땅 백성")는 이들과 다르지 않았던 같은 사람들[223]이다. "그 땅의 백성"이 성전재건에 참여하려는 명분은 "우리도 너희와 같이 너희(!) 하나님을 찾노라(*kî ḵāḵem nidrô lē'ōhêḵem*)… 이리로 오게 한 날부터 우리가 하나님께 제사드리노라"(2절)에서 기록된 바와 같이, 신앙적이고 종교적인 이유에서였다. 에스라 6장 21절은 당시 성전봉헌식과 유월절 축제에 참여한(또는 '초대받았던') '이방 출신의 사람들' 중 야훼신앙의 '이스라엘 사람들'[224]이 존재하였음을 암시적으로 알려 주고 있다. 저자는 귀환민들이 성전재건 사업에서 이들을 배제하는 근거를 신학적인 근거에서 찾고 있는 것이 아니라, 고레스 왕의 칙령(3절: "바사 왕 고레스가 우리에게 명령한 대로", *ka'ăšer ṣiwwānû hammælæk kôeš mælæk-pārās*)을 참조하게 하고 있다. 또한 이어지는 에스라 4장 7-22절의 사마리아인들에게 있었던 적대적 방해 역시, 신앙적이고 종교적인 것이 아니라 모두 정치적인 특질을 가진다. 사실, 그들의 방해는 성전재건이나 제단봉헌이 아니라 도시의 '성벽'(!)[225]을 겨냥하고 있었다. 당시 유대와 예루살렘은 이웃하고 있던 페르시아의 행정관구의 영향력하에 있었다.

이러한 정치적인 특질은 느헤미야서에 기록된 '산발랏의 성벽준공 방해'도 해당된다(느 2:10,19; 4:1[MT 3:33]; 4:2[MT 4:1]; 6:2,5,12,14). 따라서 사마리아 사람들의 시각에서 우려되던 바는, 공고화되고 있는 유대 공공체에 대한 자신들의 지배적 영향력이 사라지는 것이었다. 그들이 준공을 방해하는 것은 사마리아의 이해 영역 밖에 있는 독립적인 행정지방 성립을 저지하려는 것이라고 이해될 수 있다.[226] 그렇다면 사마리아의 총독, 산발랏(Sanballat)의 딸과 결혼했던 대제사장 여호야다의 아들을 '유다 공공체'에서 추방시킨 사건(느 13:28; 비교. 6:18)은 어떻게 이해될 수 있을까? 행정관구의 수장과 귀환 공공체의 종교적 권위자의 아들과의 결혼은 두 지역의 유대와 통합을 뜻한다. 이러한 맥락에서 제사장 여호야다의 아들 추방 역시, 종교적인 것이 아니라 정치적인 배경과 목적을 지닌다고 볼 수 있다. 기존에 사마리아 총독이 예루살렘과 그 제의에서 영향력을 가지는 것을 막고자 하였던 시책이었다.

마지막으로, 사마리아와 유대의 갈등의 쟁점이 정치적이었다면, '혼합혼 금지'(스 10; 느 10-11)는 어떻게 이해될 수 있을까? 종종 사람들은 인종적인 단일성을 신앙적 순수성 보존과 연관시키고자 한다. 하지만 이스라엘의 야훼신앙은 처음부터 인종적인 경계를 넘어섬을 오경을 통해서 입증되고 있다.[227] 따라서 같은 야훼신앙 안에 다른 두 인종의 결합이 허용되었다는 것이다. 이런 보편적인 시각에서 에스라-느헤미야의 혼합혼을 접근해 볼 필요가 있다. 그 혼합혼 금지에는 유대적 정체성에 맞지 않는 (북이스라엘을 포함한) 모든 사람과의 혼인을 금한다는 것인가? 아니면 단지 야훼께 충성된 자가 아닌 자와의 결혼과 연관되어 있는가? 전자가 예루살렘을 중심으로 신생한 하나의 행정구역에서 유대의 혈통적(또는 부족적) 정통성에 방점을 두고 있다면, 후자의 경우 종교적 요소를 최우선으로 둔 것이다. 산발랏(Sanballat)은 Sinuballiṭ("Sin는 살아 있다")에서 유래된 바벨로니아식 성명이다. 단지 이름만으로 '산발랏'의 종교적인 측면을 평하기 어려운 이유는 유대인 중에 세스바살, 스룹바벨, 모르드개 역시도 바벨로니아식 성명이기 때문이다. 산발랏은 – 적어도 자신의 개인적인 경건에 있어서는 – 야훼를 경배하는 자였다는 것은 엘레판틴(Elephantine) 서신 속에 그의 아들들의 이름(AP 30,30; 32,1)을 통해 나타난다(šemar*ja*, delai*ja*). 와디 드-달리예(Wādī d-Dāliye)에서 발굴된 문서인 Samaria-Papyri Nr. 8번과 14번은 '야훼'신명이 포함된 두 이름(janan*ja*, *jo*sua)을 증빙하고 있다.228) 따라서 산발랏과의 갈등과 대결은 종교적이기보다는 신생한 유다 공공체의 초창기 내적 질서와 관련된 부분일 가능성이 크다. 이러한 맥락에서 느헤미야의 '혼합혼 금지'는 귀환 공공체에 혈통적인(ethnological) 기초를 확고히 하는데 그 방점이 있었다고 할 수 있다. 느헤미야서에서 산발랏이 '외국인'(*nēkār*, 느 13:30; 9:2)인 것은 분명하였다. 유다 공공체 내의 혼합혼의 쟁점은 인종적으로 혼합된 유대의 생활공간 내에서 이스라엘의 정체성에 대한 정의의 문제이며, 이 문제를 통해서 부차적으로 정치적인 갈등이 첨예화되었다.

3. 역대기의 역사 서술과 헬라주의의 도전

사마리아 공공체의 제의적인 분리와 그리심을 둘러싼 사마리아 공공체의 형성의 문제는 여기에서 종결된 것이 아니다. 역대기 작품은 한편으로는 '참된 구속사'를 남유다와 귀환된 유대 공공체로 제한시키고 북왕국의 역사는 거의 건너뜀으로써, 당시 잠재적이었던 사마리아 경쟁자들로부터 일정 정도의 거리를 두고 있다.229) 그런 거리감과 차별을 통해 북왕국 지역에 남아 있었던 형제들을 가능한 한 많이 예루살렘 성전으로 끌어들이려는 선교(또는 선전)로 가득하다(대하 11:16; 12:4-12; 15:9; 30:1ff.; 24:6f.9; 35:18).

유대 역사가 요세푸스(Josephus, *Ant* XI, 302-307)의 증언 자료에 따르면, 기원전 3세기 말 무렵, 시리아 전쟁의 소용돌이 속에 두 공공체는 각기 다른 정치적인 결정을 내리게 되었지만, 양자 모두 헬라화란 압력에 문을 열었다. 그리고 그들 둘은 모두 안티오코스 4세(Antiochus Ⅳ)의 난폭한 종교정책에 동일하게 고통을 겪어야 했다(마카베오 2서 5:23; 6:2). 두 공공체의 중대한 차이는 사독 제사장 계열이 하스몬 사람들에 의해서 대제사장직에서 쫓겨나게 되었을 때(BC 152), 명확하게 된다. 합법적인 사독 계열을 따르고 있는 사마리아 제의 공공체는 이 사건을 비합법적이라고 판단해야 했었다. 이에 대한 최종적인 결과는 히르카누스의 폭력적인 유대주의화 정책이었다. 그는 그리심 성전(BC 128)과 그 이후 세겜 성전(BC 107)을 파괴함으로써 사마리아 공공체의 제의 중심을 빼앗아 갔다.

4. 요약

위에서 고찰되었던 바와 같이, 논쟁 본문들은 사마리아인들의 분리의 첫 국면에 대해 알려 주지 않는다. 열왕기하 17장의 본문은 기원전 722년 사마리아 함락 이후 그 주변 지역의 종교적 실체를 지적하며, 독자적인 상황을 고려할 때 이후 있을 히스기야('유월절', 대하 30장)와 요시야(열하 23:15; 비교. '유월절', 대하 35장)의 예루살렘 중심의 제의개혁과 관련이 있다. 또한 에스라-느헤미야의 논쟁 본문들은 유다 공동체의 정체성 확립에 방점을 둔다. 따라서 사마리아 지역 주민들과의 종교적 분리의 진원을 밝히는 것으로는 적합하지 않다.

성경 속의 유대 역사 전승은 기원전 5세기에 마무리되면서 중단된다. 이후 시대 두 공동체는 제의권의 정당성의 문제가 정치적으로 비화되어 사마리아 종단은 분리되고, 이후 그들의 제의 중심지는 폭력적인 수단으로 제거된다.

V. 기독교 세계의 교파 분리에 대한 반성

앞에서 살펴본 논쟁 본문들은 같은 야훼신앙을 가졌지만 지리적으로 떨어져 있던 두 왕국이 국제무대에서의 역사적 전개과정에서 정치적 위상과 운명을 달리했던 위기 상황 가운데, '이스라엘'이라는 민족적이고 종교적 정체성을 형성시키고 확립해 나간 기나긴 역사의 과정의 몇 장면들을 보여 주고 있다. 포로기 전 남왕국 지역은 북쪽 지역 유민들에 대한 포용적이고 수용적인 입장을 취하였다. 그러나 남왕국의 패망 이후, 예루살렘의 외부적 위기 상황 중 귀환민들을 중심으로 공공체를 형성하는 움직임이 있었고, 그 과정에서 이전 북왕국의 중심지였던 사마리아 지역은 신앙적으로 정치적으로 배제되었다. 그 마지막은 상호 간의 배척이었다. 그리고 그들이 남긴 역사적 결과물은 팔레스타인에서 지금까지도 고스란히 이어지고 있다. 두 신앙 공동체의 거리 두기와 분리, 차이와 분리, 배척의 과정은 오늘날 현재 기독교의 세계를 성찰하고 평가해 볼 수 있는 역사적 실례를 제공해 준다.

기독교(또는 그리스도교)와 타 종교의 구분은 예수 그리스도를 고백하느냐, 그렇지 않느냐에 달려 있다. 뿌리와 기원에서 동일 전통(또는 근원)을 가지고 있음에도 그리스도의 교회는 초창기부터 여러 갈래의 가지가 형성되었다. 이러한 가지 형성은 처음부터 분리나 분열로 해석되지는 않았다. 원시교회는 콘스탄티누스대제(BC 306-337) 이후 사도들의 권능을 전승하였다고 믿거나 주장하는 '정통 교회'(orthodox church) 또는 '공교회'(catholic church)와 그렇지 않은 교회로 나누어졌다. 이러한 분리에는 예전적인 요소도 포함되어 있었다. 그 이후 기독교회는 헬라어 권역인 동방교회와 라틴어 권역인 서방교회로 구분되었다. 그러다가 11세기에 이르러 공교회의 5개 총대주교 연합은 로마교회를 중심으로 정치적 대립과 문화적, 신학적 입장 차이(필리오케 논쟁, 성상 논쟁, 상호 파문)로 인해 4개 동방교회(콘스탄티노플, 알렉산드리아, 안티오키아, 예루살렘)와 분열하게 된다. 이후 동방교회는 국가교구 연방의 형태로 각 민족마다 특색을 지니는 형태로 발전을 하였고, 서방교회는 5백 년 동안 교황이 관할하는 로마교구 중심으로 성장했다.

서방교회의 16세기는 진통의 시기였다. 교회 내부에 부패와 비기독교적인 요소의 만연으로 인해, 인문주의를 배경으로 한 교회갱신 운동이 전개되었다. 루터파 교회를 필두로 개혁교회, 영국국교회, 감리교회 그리고 회중교회로 분리되었다. 현재 세계의 그리스도교 교회는 교회 정치적으로, 로마-가톨릭교회, 동방정교회, 오리엔트정교회(콥트교, 시리아정교회, 에티오피아 교회, 아르메니아 교회), 개신교회(루터교, 침례교, 성공회, 감리교, 장로교, 개혁교회)로 구분할 수 있다. 그 외에 이슬람 국가의 교회들과 네스토리우스파, 남인디아 교회들이 있다. 이런 교파들 간에는 중간적인 입장의 연합적인 움직임(오스만 시절 로마가톨릭과 동방교회 연합교단, 독일의 유니온 교단)도 있다. 이러한 분리는 지리적이고 문화적인 요소가 포함되어 있으며, 분리에 작용한 교회 정치적, 신앙 고백적-신학적, 제의적-예전적인 요소들도 있다. 다양한 교파주의 분열에는 각 교파마다 표방하는 정체성이 필연적으로 존재한다. 정체성은 동질감과 소속감, 일체감을 형성시켜 주는 요소로 작용한다. 그리고 비(非)정체성적인 부분과는 구별되고 차별화되는 것이 특징이다. 이런 차별화 진행 과정 중, 진리 문제를 떠나 다양한 요소들이 작용함은 부인할 수 없는 사실이다. 사마리아 종단 분리에 대한 사건의 재구성은 교파 차별의 한 실례로써 오늘날의 역사적 현실을 반성하게 한다.

Ⅵ. 나오는 글

연구자는 본문의 사건이 전개되는 내러티브의 틀 안에서 저작의 시대적 배경과 1차적인 수신자들, 사회적 갈등과 이슈들을 면밀히 살펴보았다. 그 결과, 문제가 되었던 열왕기하 17장은 사마리아 멸시와 배척이 아닌 사마리아 상류층의 혼합주의를 경계하고 여호와를 경외할 것을 말한다. 즉, 사마리아 사람들을 남아 있던 예루살렘 제의로 끌어들이려 호소하고 있다. 국가적 실체가 존재하였던 남왕국 관점의 저자는 정치적 실존이 사라진 이후 북왕국 유민들을 수용, 통합하려 하고 있다. 에스라-느헤미야의 논쟁 본문은 사마리아 사람들의 적대감이 제단이나 성전재건-즉 신앙적인 차원의 것-이기보다는 '정치적 실존'을 공고히 할 수 있는 '성벽재건'을 겨냥하고 있다. 그리고 혼합혼의 문제는 당시 복잡한 종교적 상황으로 볼 때, 신생한 유대 공공체의 정체성 규명하에서 이해되어야 한다. 마지막으로, 사마리아 종단 분리를 야기했던 결정적인 요소는 알렉산더의 출현과 함께 예루살렘의 지도자들의 제의 정치적 확장을 위한 움직이었음을 살펴보았다.

우리는 지금까지 사마리아 종단 분리 전후의 기나긴 역사를 추적해 보았다. 하나님의 역사는 지나간 과거가 아니라, 오늘날 교파주의가 현실인 우리에게 몇 가지 교훈적 지침을 남겨 주고 있다.

첫째, 유대지역 신앙 공공체의 정체성 확립은 불가피한 것이다. 동기적 차원에서 바라본다면, 예루살렘과 유대의 방어가 확고하지 않은 상황에서 겪었던 환란과 능욕이었을 것이다(느 1장). 이런 사건은 곧 정치적인 자주와 연관이 있는 것이다. 느헤미야는 페르시아의 실권자였지만 분명 피해자의 입장에 서 있었다. 정체성 확립은 정치적 경계선 설정과 차별화 전략으로 위기 상황에 외적 안전망을 구축하는 데 결정적인 기여를 한다.

둘째, 한 공공체의 정체성 강화는 다른 공공체의 정체성 강화를 가중한다. 그 배후에는 상대편이 느끼는 피해자적 차별감이 있다. 예루살렘 편에서도, 사마리아 편에서도, 피해자적 차별감은 신앙 안에서의 화해와 협력의 지점을 찾기보다는 신앙의 덕목에 기대지만 내용에 있어서는 거리가 먼 독자노선을 걷게 할 위험이 있다. 사마리아 종단 분리 사건은 제의적인 동인보다는 공공체의 권한의 범위를 설정하는 정치적 목적에 우선권을 허용하는 전형을 보여 주고 있다.

셋째, 신앙인의 공공체의 확립은 단절과 차별을 남겨서는 안 될 것이다. 상호 간의 자유를 위해서는 다자적이고 유목적적인 협력의 길을 모색할 필요가 있다. 신앙인의 자유는, 언제나 이웃 사랑이라는 새 계명의 덕목에 종속되어 있을 때 온전해질 수 있다. 고통당하는 이웃을 간과하는 태만이 있을 때, 그러한 자유는 피해자와 차별을 낳게 한다.

미주

205) William F. Albright, *Archaeology and the Religion of Israel* (OTL; Westminster John Knox Press, 2006), 216, n. 65. 올브라이트의 연구에 따르면, 여로보암의 송아지상 연출은 솔로몬 성전에서 보이지 않은 여호와의 임재가 그룹들(Cherubim) 위에 상징적으로 나타내는 것('임재 상징' 또는 '보좌')이나 마찬가지이며, 그 자체가 우상숭배가 아니다.

206) S. Talmon, "Biblische Überlieferungen zur Frühgeschichte der Samaritaner", in *Gesellschaft und Literatur in der Hebräischen Bibel*. Gesammelte Aufsätze Band I (Information Judentum 8; Neukirchen-Vluyn: Neukirchener Verlag, 1988), 132-151; 138ff.

207) '공공체'는 정치적인 개념으로 혈통적이고 인종적인 가문연합을 넘어서는 각기 구별된 욕구를 가진 복수적인 집단을 말한다. 이 개념은 키케로의 책, *De re publica*로 거슬러 올라간다. 공공체의 일원들은 전래되어 온 법과 관습을 토대로 권리와 의무와 기능을 가진 신분과 관직을 부여받게 된다. 반면, 공동체는 민족학적이고 사회학적인 개념이며, 한눈에 알아 볼 수 있는 사회집단으로, 아주 강한 '우리-의식'으로 결속되어 있다. 공동체적 결속은 세대를 넘어서까지 미치기도 한다. 공동체는 인간의 공동생활의 가장 원형적인 형태이며, 사회의 기초가 된다.

208) A. Alt, "Die Rolle Samarias bei der Entstehung des Judentums", in *Kleine Schriften zur Geschichte des Volkes Israel* II (Leipzig: A. Deichert: J. C. Hinrich, 1934), 316-337; 337.

209) F. M. Cross, "Aspects of Samaritan and Jewish History in Late Persian and Hellenistic Times", *HTR* 59(1966), 201-211; 208.

210) R. J. Coggins, *Samaritans and Jews. The Origins of Samaritanism Reconsidered* (Oxford: Basil Blackwell, 1975), 114f.; R. Pummer, "Antisamaritanische Polemik in judaischen Schriften aus der intertestamentlichen Zeit", *BZ.NF* 26(1982): 224-242; 241f.

211) Talmon, "Biblische Überlieferungen", 150.

212) R. Albertz, *Religionsgeschichte Israels in alttestamentlicher Zeit*: II. *Vom Exil bis zu den Makkabäern* (ATD Ergänzungsreihe Band 8/2; Göttingen: Vandenhoek & Ruprecht, 1992), 578, footnote 8.

213) Josephus, *Ant* XII, 257-264.

214) R. Egger, *Josephus Flavius und die Samaritaner* (NTOA 4; Freiburg Universitätsverlag, Göttingen: Vandenhoeck & Ruprecht, 1986), 267ff.

215) Coggins, *Samaritans and Jews*, 15.

216) F. Dexinger, "Limits of Tolerance in Judaism: The Samaritan Example", in *Jewish and Christian Self-Definition*, vol. 2, ed. E. P. Sanders (London: SCM Press, 1981), 88-114; 91.

217) x-*qotel*이 절대적인 이야기 도입을 말하고 있지 않다. 그럼에도 앞 단락과 연관되어 논리적이고 내용적인 면에서는 상대적인 이야기 도입을 알리는 분명히 새로운 단락의 시작이다. 비교. B. S. Childs, "A Study of the Formula, 'Until this day'", *JBL* 82(1963): 279-292. 단락의 절대적 시작과 상대적 시작 가능성에 대해, R. J. Coggins, "The Old Testament and Samaritan Origins", *ASTI* 6(1967/8): 35-48; 40. *mišpāṭ* + *ri'šôn*의 결합은 오로지 여기(2x pl.)와 창세기 40장 13절(2x sg., "하던 것과 같이")에 나타난다.

218) 차일즈(C. S. Childs)는 또 다른 8구절과 함께 'Political etiologies'(왕상 12:19=대하 10:19; 왕하 8:22=대하 21:10; 대상 5:26)이라고 한다(B. S. Childs, "A Study of the Formula", 289).

219) H. Ringren, "qqx ḥāqaq", *ThWAT* III (1983), 149-157; 152-154: 34절과 37절의 각각 복수로 연결된 율법용어 쌍인 *ḥuqqôt*와 *mišpāṭîm*("율례와 법도들")은 신명기적인 문헌(신 8:11; 11:1; 30:16; 왕상 2:3; 6:12)에 나타나고 있다. 알베르츠(R. Albertz)는 24-41절 전체가 신명적인 사

상과 연관 있다고 보고 있다(Religionsgeschichte Israels II, 579, footnote 17).

220) C. Frevel, "Vom Schreiben Gottes: Literarkritik, Komposition und Auslegung von 2Kön 17", Biblica 72(1991): 34-40; 32-33. 프레벨(C. Frevel)은 단수형으로 연결된 ḥuqqāh + mišpāṭ ("율례와 법도")의 다른 경향을 지적하고 있다. 이 형태는 레위기 성결법전과 에스겔에서 등장한다.

221) Albertz, Religionsgeschichte Israels II, 580.

222) W. Gross, "Israels Hoffnung auf die Erneurung des Staates", in Unterwegs zur Kirche: Alttestamenliche Konzeptionen, ed. J. Schreiner (QD 110; Freiburg: Herder, 1987), 87-122. 일부 회복에 대한 예언에는 북왕국과 남왕국이 회복될 것이며, 종국에는 이 둘이 다윗 계열의 체제로 통일왕국이 될 것임을 내다보고 있다(렘 23:2 이하; 33:14 이하; 겔 34:15 이하).

223) 반면, 덱싱어(F. Dexinger)는 '암 하아레츠'는 '공조하는 이스라엘 사람들'(kollaborierende Israeliten)로 달리 보고 있다(Dexinger, "Limits of Tolerance in Judaism", 93). 케슬러(R. Kessler)의 관찰에 따르면, 이 용어('암 하아레츠')는 기원전 8세기 이후 사회 간의 계층의 분열과정 중 더 이상 전체 민족을 지칭하고 않고 수적으로는 점점 줄어들어 가던 상류층('지방귀족')을 의미하게 된다. Rainer Kessler, Staat und Gesellschaft im vorexilischen Juda: Vom 8. Jahrhundert bis zum Exil (SVT 47; Leiden: Brill, 1992), 199-202.

224) 직역: "그 땅의 이방나라들의 부정으로부터 자신을 구별한 자는 누구든지."

225) "이 패역하고 악한 성읍(직역: 그 반역적 도시)을 건축하는데 이미 그 기초를 수축하고 성곽(직역: 그 성벽)을 건축하오니"(12절), "이 성읍(직역: 저 도시)을 건축하고 그 성곽(직역: 그 성벽)을 완공하면"(13절), "이 성읍(직역: 저 도시)이 중건되어 성곽(직역: 그 성벽)이 중건되면"(16절).

226) 이런 본문 이해는 "사마리아 분리의 발발점은 하나의 정치적인 분쟁이다"라는 과거의 알트(A. Alt)의 명제를 지지해 주고 있다. Alt, "Die Rolle Samarias", 337; H. H. Rowley, "The Samaritan Schism in Legend and History", Israel's Prophetic Heritage: Studies in Honor of James Muilenburg, ed. B. W. Andersons & W. Harrelson (New York: Harper, 1962), 208-222; 216ff; H. G. Kippenberg, Garizim und Synagoge (Religionsgeschichtliche Versuche und Vorarbeiten 30; Berlin-New York: Walter de Gruyter, 1971), 39f.

227) 야곱의 아들 유다는 가나안 여인 다말과 관계하여 대를 잇게 된다(창 37). 그리고 야곱의 아들 요셉의 아내는 이집트 사람이었다(창 41:50). 야곱의 아들 시므온 역시 가나안인 여자를 아내로 두었다(창 46:10). 그리고 12 정탐꾼 중 한 사람이었던 갈렙은 에돔 계열의 사람이었다(민 32:12; 수 14:6). 그 밖에 기생 라합 역시 유다가문으로 들어왔다(삿 6; 룻 4:18-22). 룻 역시 모압가 출신이다.

228) 비교. F. M. Cross, "Papyri from the Fourth Century BC from Daliyeh", in New Directions in Biblical Archaeology, ed. D. N. Freedman & J. C. Greenfield (New York: Doubleday, 1969), 41-62; 42f.

229) Albertz, Religionsgeschichte Israels II, 584.

10장. 차별과 혐오의 렌즈로 요한계시록 읽기

김혜란(웨스트민스터신학대학원대학교 철학박사, 신약신학 전공)

I. 들어가는 말

요즘 한국사회는 다양한 차별과 혐오가 존재한다. 그 가운데서도 다문화가정뿐 아니라 다양한 이유로 국내에 들어오는 외국인들에 대한 차별과 혐오가 적지 않다. 동남아시아로부터 들어온 외국인들이 많은데, 이들을 향한 차별과 혐오의 시선들이 있음을 부인할 수 없다. 예를 들면, 이주 노동자들은 임금 체불, 열악한 근무여건, 고용주의 착취와 학대가 일어나는 환경에서 일하고 있다. 임금은 숙식비 명목으로 상당 부분을 고용주가 떼어 가거나 집단폭행이 자행되기도 한다. 고용허가제의 경우 외국인 노동자들의 체류 권리가 사업주에게 있기 때문에 그들의 갑질에도 사업장의 이동이 불가능한 경우가 많다.230) 또한 억울한 일이 있어도 그들의 어려움을 들어주고 해결해 줄 곳이 거의 없다.

이 같은 차별과 혐오가 존재하는 세상을 어떤 성경적 관점에서 바라보아야 하는가? 특별히 요한계시록 본문을 선택한 이유는 차별과 혐오의 문제를 종말론적 시각에서 다루기 위함이다. 요한계시록은 당시 차별과 학대를 저지르는 자들을 향해 강력한 경고를 주는 반면, 고통당하는 약자들을 향해 새로운 희망을 제공한다. 본 글은 그 당시 차별과 혐오의 대상이었던 두 그룹을 중심으로 차별과 혐오의 렌즈로 요한계시록 읽기를 다음과 같이 시도한다.

첫 번째 그룹은 로마체제에 반기를 들고 황제숭배를 반대한 순교자들이다(계 6:9-11). 1세기 소아시아 지역은 로마제국의 지배를 받고 있었다. 당시 로마제국 아래 있었던 소아시아 지역의 도시마다 앞다투어 많은 황제 신전들이 지어졌다.231) 만일 황제숭배를 거부하면 길드라는 상업조합에 들어가지 못해 매매를 할 수 없는 사회적 차별을 겪어야 했다. 그뿐만 아니라 황제숭배를 거부하다가 핍박과 순교를 당하기까지 했다.232) 즉 황제숭배를 거부하고 믿음을 지킨 성도들은 로마 사회에서 차별과 혐오의 대상이었음을 알 수 있다. 필자는 요한계시록 6장에서 천상의 제단 아래에서 자신의 억울함을 호소하는 순교자들의 외침을 살펴보고, 이에 대한 하나님의 응답을 통해 차별과 혐오에 대한 신학적 함의를 분석하고자 한다.

둘째, 1세기 로마제국은 인구의 상당 부분을 차지했던 노예가 존재했던 사회였다(계 18:13). 요한계시록은 로마제국을 상징하는 큰 성 바빌론의 심판을 묘사하는 문맥에서 노예를 언급한다. 이러한 흐름 가운데 로마제국이 노예를 둘 수밖에 없었던 이유와 그 결말을 통해 차별과 혐오의 주제를 다룬다.

셋째, 차별과 혐오가 존재하지 않는 세계가 과연 존재하는가? 요한계시록은 차별과 혐오를 뛰어넘는 희망의 세계를 제시한다.

Ⅱ. 차별과 혐오의 대상: 순교자들

1. 차별과 혐오의 대상이 된 이유

요한계시록이 기록된 당시 소아시아 지역은 로마제국의 지배 아래 있었다. 로마의 황제들은 도미티아누스 시대 이전부터 자신을 신으로 예배할 것을 요구했다. 당시 로마제국의 관료들은 로마로부터 재정적 지원을 얻기 위해 황제숭배를 강요했다.233) 그럼에도 불구하고 황제 제의를 거부하는 그리스도인들이 등장하였고, 이들을 향해 로마 사회는 차별과 적개심을 표출했다. 우선 황제숭배 제의에 참여하지 않는 그리스도인들은 상업조합에 들어가지 못했다. 이것은 경제활동을 할 수 없는 차별을 받아야 함을 의미한다. 급기야 황제숭배를 거부한 자들은 핍박과 순교를 당하는 일이 자행되었다.234) 따라서 로마 황제가 아닌 하나님을 주(主)로 증거하는 성도들은 로마 사회에서 차별과 혐오의 대상이 될 수밖에 없었다.

2. 로마의 차별과 핍박에 저항하는 순교자들(계 6:9-10)

차별과 혐오의 대상이었던 순교자들은 요한계시록의 인(seal) 심판 시리즈에서 나타난다. 순교자들이 등장하는 환상의 부분은 다섯 번째 인 심판이다(계 6:9-11). 마지막 심판을 향해 나아가는 심판의 흐름 속에서 로마제국을 향한 억울함을 호소하는 순교자들의 목소리가 등장한다.

1) 천상의 제단 아래 순교자들

다섯 번째 인이 떼어지자 요한은 로마제국의 핍박으로 죽임당한 순교자들의 환상을 본다. 그들은 바로 "하나님의 말씀과 그들이 가진 증거"로 인해 목 베임을 당한 자들이다. 다시 말하면 로마의 제국주의 체제에 순응하지 않고 황제숭배를 거부하다 목숨을 잃은 자들이다. 당시 순교자들은 아마도 로마제국의 사회적 체제에 해를 입히는 사교 집단으로 보였을 것이다.[235)

순교자들이 제단 아래에 있다는 점에서 그들을 희생 제물로 보아야 한다는 견해가 있다.[236) 필자는 이 견해가 본문의 초점과는 맞지 않는 주장이라 생각한다. 왜냐하면 제단 아래 영혼들이 하나님을 향해 호소하는 내용을 보면, 그들이 죽임당한 것에 대한 억울함이 분명히 언급되기 때문이다. 그뿐만 아니라 순교자들은 핍박한 자들을 향한 하나님의 심판을 강하게 호소한다. 그들은 황제숭배를 거부하고 순결한 믿음을 지켰음에도 불구하고 죽임당한 억울함을 표출하고 있다. 이 점에서 순교자들의 외침(계 6:9-11)은 자신들이 흘린 피에 대한 하나님의 공의가 이루어질 것을 호소하는 탄원의 성격이 강하다.

또한 순교자들의 그룹을 어디까지 보아야 하는가에 대한 문제가 있다. 필자는 예수 그리스도를 주(主)로 증거하는 믿음 때문에 고난을 당하는 성도들까지 포함해야 한다고 본다. 그 이유는 빌(Beale)의 주장대로 순교자들이 문자적으로 순교한 사람들만이 아닌 비유적 표현으로 해석될 수 있기 때문이다. 그 이유는 요한계시록의 장르가 비유와 상징을 주로 사용하는 묵시문학이라는 데 있다. 실제로 요한계시록 20:4절에 등장하는 환상에서는 순교자들과 고난을 당하는 잠재적 순교자들을 함께 언급한다. 그들은 천상의 보좌 가운데 앉아 있는데, '예수를 증언함과 하나님의 말씀으로 목 베임을 당한 영혼들'(계 20:4c)이다. 뒤이어 로마의 황제숭배를 조장하는 '짐승'과 '그의 우상에게 경배하지 않은 성도들'(계 20:4d)이라고 설명한다.237) 원문에서는 4d가 4c 다음에 위치해 접속사와 함께 관계대명사를 사용하여 선행사 20:4c의 '영혼들'을 설명하고 있다. 4d가 4c를 보충 설명하고 있다는 점에서 순교자들은 잠재적 순교자들을 포함하는 그룹이라 볼 수 있다.238)

그러므로 요한계시록 6:9-11의 호소는 순교자들뿐만 아니라 1세기 로마 황제숭배로 인한 차별과 핍박을 받고 있었던 성도들까지 포함될 수 있다. 실제로 요한계시록 8:3-5에서도 성도들의 기도가 천상에 있는 성전의 제단으로 올라가고 있음을 언급한다. 성도들의 기도는 일곱 번째 인 심판의 문맥에서 사용되므로 일곱 나팔 심판을 여는 중요한 역할을 한 것으로 보인다. 요한계시록 안에서 순교자들의 외침(계 6:9-11)과 성도들의 기도(8:1-5)는 모두 하나님의 심판을 여는 중요한 근거가 된다. 따라서 요한계시록에서 순교자들과 황제숭배를 거부한 성도들은 로마제국의 핍박에 맞서서 저항하는 자들이다.

2) 차별과 혐오를 뛰어넘는 이름

하늘 성전 아래 외치는 순교자들이 하나님을 향해 "거룩하고 참되신 대 주재여"라고 부른다(계 6:10). 하나님에 대한 분명한 신앙고백은 그들이 로마제국으로부터 차별과 혐오를 받을 수밖에 없었음을 보여 준다. 로마 황제가 세상을 다스리는 자가 아닌 하나님만

이 참된 주이심을 천상의 성전에서 외치고 있기 때문이다. 그렇다면 왜 하나님의 호칭이 지상이 아닌 천상의 성전에서 울려 퍼지는가? 아마도 세상의 차별과 혐오를 뛰어넘어 역사하시는 하나님의 이름을 강조하려는 의도로 보인다.

3) 핍박과 억울함에 대한 호소

신명기 32:35절은 원수의 핍박에 대해 하나님이 보복할 것임을 밝히는데, 이 본문을 사용한 신약의 본문은 바로 로마서 12:19이다. "원수 갚는 것은 내게 있으니 내가 갚으리라"는 것은 베드로전서 2:23에서 "오직 공의로 심판하시는 이에게 부탁하라" 하신 예수 그리스도의 언급과 연결된다. 즉 성도가 억울한 일을 당할 때 하나님의 공의에 호소하라고 가르친다. 요한계시록에서도 순교자들은 자신들이 당한 핍박과 억울함을 하나님의 정의에 호소한다. 나아가 자신들을 억울하게 핍박한 자들의 심판도 외친다. 그들의 외침은 로마제국의 폭력에 대한 항거인 것이다.[239]

순교자들의 억울한 호소는 우리의 피를 "갚아 주소서"(계 6:10)라는 외침에 담겨 있다. 이 동사는 '잘못된 것에 대해 적절한 처벌을 가하다'는 의미로 다른 본문에서도 등장한다. 요한계시록 19:2절은 하나님께서 땅을 더럽히고 성도들의 피를 흘리게 한 '음녀의 손에서 갚으셨다'고 언급한다.[240] 음녀에 대한 심판이 이루어지자 하늘에 있는 허다한 무리들은 비로소 하나님의 심판이 참됨과 의로움을 찬양한다. 요한은 순교자들의 외침뿐만 아니라 성도들의 억울함을 갚으시고 악인을 처벌하는 환상에서도 이 동사를 사용한다. 이러한 동사의 반복적 사용은 억울하게 차별과 핍박을 받은 자들의 호소에 대해 하나님의 정의가 반드시 이루어질 것임을 암시한다.

3. 약자의 호소를 들으시는 하나님(계 6:11-17)

순교자들의 처절한 외침 뒤에 하나님은 어떻게 반응하시는가? 먼저 하나님은 그들에게 흰 두루마기를 주시며 하나님의 때까지 기다리라 말씀한다. 하나님의 응답은 바로 뒤이어 등장하는 여섯 번째 인 심판을 통해 성취된다.

1) 새로운 정체성의 부여: 흰 두루마기(계 6:11a)

하나님은 순교자들의 부르짖음에 이어서 그들에게 흰 두루마기를 주신다. 이 옷은 다음과 같이 두 가지 의미를 담고 있다.

첫째, 흰 두루마기는 순교자들의 신분이 바뀌었음을 의미한다. 그들은 로마제국의 관점에서 보면 체제를 비판하고 저항한 죄인들이다. 황제가 아닌 하나님을 주로 믿고 증거하여 억울하게 죄인이라는 판결을 받은 것이다. 하나님은 이 판결이 무효라는 의미로 흰 두루마기를 주신다.241) 이것이 바로 그들의 억울한 호소에 대한 하나님의 첫 번째 반응이다.

둘째, 이 옷은 승리를 상징한다. '흰 두루마기'를 언급하는 또 다른 본문이 있다. 요한계시록 7장에서 천상의 환상에서 등장하는 "아무도 셀 수 없는 큰 무리들"이다(계 7:9). 그들은 아브라함의 언약을 성취한 교회공동체를 상징한다.242) 또한 이들은 흰옷을 입고 손에 종려나무 가지를 흔들며 서 있다. 그 당시 '흰 두루마기'는 전쟁 후에 승리를 축하하는 옷이었다(마카비 2서 11:8). '종려나무 가지'는 시몬 마카비의 군대가 예루살렘 성을 회복한 것을 축하하는 장면을 떠올리게 한다.243) "아무도 셀 수 없는 큰 무리"는 종려나무 가지를 흔들며 보좌와 어린양 앞에 서 있는 승리한 무리이지만, 큰 환난에서 나온 자들(계 7:14)이기도 하다.244) 당시 성도들은 사회적 차별과 핍박으로 큰 환란 가운데 있었지만, 하나님의 관점에서는 우상을 이기고 승리한 자들이다. 요한계시록 3:4-5절에서도 사데 교회를 향해 우상숭배와 타협하지 않고 순결하게 믿음을 지킨 성도들을 '이긴 자'로 평가하면서, 하나님의 종말적 축복을 상징하는 흰옷을 약속한다.

이와 같이 흰 두루마기는 황제숭배를 거부하다 억울하게 죽임당한 자들을 향해 새로운 정체성을 부여한다. 비록 세상에선 죄인의 시선으로 바라보는 차별과 혐오의 대상이지만, 하나님의 관점에선 승리한 자들이다. 요한은 당시 핍박당하는 성도들을 향해 정체성에 대한 새로운 시각을 제시한다.

2) 그 수가 차기까지 기다리라

순교자들이 호소하는 악인의 심판이 언제 이루어지는가? '어느 때까지'는 하나님의 심판이 오래 지체되지 않기를 바라는 간절함을 반영한다.245) 아마도 이 기다림은 하나님의 정의가 지연되는 것처럼 보였을 것이다.246) 이에 대한 하나님의 답변이 뒤이어 등장한다.

"그 수가 차기까지 하라"(계 6:11b)는 표현은 당시 초기 유대교 문헌에 여러 번 등장하여 하나님의 주권을 강조한다(1 Enoch 47:1-4; 2 Esdra 4:35-37; 2 Bar 23:4-5).247) 요한계시록은 악인들을 향한 심판의 때가 하나님의 주권적 역사 가운데 이루어질 것을 암시한다. 『개역개정』은 "아직 잠시 동안 쉬되 […] 그 수가 차기까지 하라"로 번역하는데, 원문으로 보면 '아직 잠시 동안'과 '그 수가 차기까지'는 '쉬다'라는 동사와 연결된다. 즉 '아직 잠시 그 수가 차기까지 기다리라'라는 의미이다. 그런데 여섯째인 심판은 최후의 심판에 대한 묘사에 해당하기에, 이 기다림은 마지막 재림 때까지 진행된다.[248] 이에 대해 빌(Beale)은 "하나님의 관점에선 짧은 순간일 수 있지만 인간의 관점에선 긴 기간일 수 있다"고 설명한다.[249] 순교자들이 외치는 시점과 하나님의 심판이 이루어지는 시점과의 간격에 대해 '아직 잠시 동안'이라고 언급하는 것은 그의 지적대로 하나님의 관점일 수 있다. 요한계시록과 같은 묵시문학은 하늘이라는 공간을 통해 시간적 초월성과 공간적 초월성을 보여 주는 특성이 있기 때문이다.[250] 묵시문학이라는 장르적 특성을 고려한다면, 이 기다림의 간격은 물리적 시간이 아닌 환상 가운데 일어나는 묵시적 시간의 간격으로 보아야 한다.

3) 하나님의 응답과 심판(계 6:12-17; 18:3-9; 19:2)

이제 순교자들의 외침에 대한 하나님의 심판은 어떻게 성취될 것인가? 하나님은 그들이 억울하게 피 흘리고 목 베임을 당한 것에 대해 어떻게 갚아 주시는가? 요한계시록 6:12-14절은 종말에 일어날 현상들을 묘사하면서 '땅에 거하는 자들'의 명단을 언급한다. 요한계시록은 '땅에 거하는 자들'과 '하늘에 거하는 자들'을 대조하여 설명한다. 후자가 하나님과 그리스도를 경배하는 자들이라면, 전자는 짐승을 경배하는 자들(계 13:6, 8)에 해당한다.[251] 심판의 대상이 되는 그룹들은 바로 지상에서 우상을 숭배했던 자들이다. 그들은 "임금들과 왕족들과 장군들과 부자들과 강한 자들과 모든 종과 자유인"이다. 종과 자유인을 제외하고 이 부류들은 부를 얻기 위해 황제숭배를 조장하고 당시 그리스도인들을 핍박했던 자들이다.

요한계시록 6:15-17절은 그들이 어린양의 진노 앞에 두려워 떨고 있음을 묘사한다. 뒤이어 그들은 산들과 바위를 향해 "우리에게 떨어져 보좌에 앉으신 이의 얼굴에서와 그 어린양의 진노에서 우리를 가리라"고 말한다. 이제 하나님의 임박한 심판 앞에 두려움으로 지켜보아야 하는 처지에 있다.

여기서 이런 물음을 던질 수 있다. 요한계시록 6장은 왜 순교자들의 억울한 호소에 이어서 마지막 종말의 심판을 언급하는가? 이런 인 심판의 순서를 통해 다음과 같은 의미를 도출할 수 있다.

첫째, 악인들의 마지막 때의 심판은 순교자들의 외침에 대한 하나님의 응답이라 볼 수 있다. 순교자들의 억울한 호소와 부르짖음은 개인적 차원이지만, 이것은 핍박과 학대를 일삼은 악인들의 심판을 불러오는 중요한 요인이 된다.252) 요한계시록 6장의 인 심판은 바로 순교자들의 외침이 하나님의 정의를 이루는 구속사적 역할을 하고 있음을 보여 준다. 사회적 차별과 혐오의 대상이었던 순교자들은 하나님의 나라의 관점에서 보면 하나님의 구원과 심판을 이끌어 내는 위치에 있다.

둘째, 요한계시록은 성도들의 억울함을 들으시는 하나님을 제시한다. 로마제국의 학대와 핍박을 받는 성도들은 사회적으로 약자의 위치에 있었다. 당시 누구도 그들의 억울함과 고통의 호소를 들으려 하지 않았지만, 요한계시록은 그들의 호소를 들으시고 심판으로 응답하시는 하나님을 보여 준다.

셋째, 요한계시록은 약자를 핍박한 악인들에 대해 하나님의 엄중한 심판이 있음을 경고한다. 순교자들은 자신들을 억울하게 죽인 악인들의 불의를 고발하고 하나님이 갚아 주시기를 호소했다. 바로 뒤이어 등장하는 여섯 번째인 심판은 순교자들의 억울한 외침에 대한 하나님의 응답인 것이다. 요한계시록 18장에서도 성도들의 핍박과 피 흘림에 대한 하나님의 의로운 심판을 언급한다. 여기서 언급하는 큰 성 바빌론은 1차 청중의 입장에서 보면 당시 강력한 제국인 로마를 상징한다고 볼 수 있다.253) 요한계시록 18장은 큰 성 바빌론이 무너진 후 남겨진 것에 주목한다(계 18:24). 즉 "선지자들과 성도들과 땅 위에서 죽임을 당한 모든 자의 피"가 무너진 성에서 발견되었음을 지적한다. 요한계시록은 핍박과 압제에 대한 분명한 심판이 있음을 반복하여 제시한다.254)

Ⅲ. 차별과 혐오의 또 다른 이름: 노예(계 18:13)

로마제국 안에서 사회적 차별과 혐오의 또 다른 대상은 바로 당시 많은 인구수를 차지했던 노예들이다. 로마제국 아래 있는 노예들은 전적으로 주인의 통제 아래 살아야 했으며 재산의 일부로 여겨졌다. 이렇다 보니 노예에 대한 주인의 착취와 처벌은 가혹했다.255) 요한계시록은 바빌론의 멸망을 다루면서 차별과 혐오의 대상이었던 노예를 다음과 같이 언급한다.

요한계시록 18:12-13은 땅의 상인들이 바빌론에 팔았던 상품 목록들을 열거한다. 이 목록들은 실제 당시 로마제국에서 통용된 무역 물품들이다. 여기서 언급하는 값비싼 보석들과 사치품들은 로마가 얼마나 사치와 향락에 빠졌는가를 보여 준다. 주목할 것은 이 목록 가운데 등장하는 '종들과 사람들의 영혼들'이다(계 18:13). 이 표현은 에스겔 27:12-24절을 떠올리게 한다. 에스겔과 요한계시록 본문 간의 차이점은 에스겔서가 노예를 가장 처음 언급한 반면, 요한계시록은 '인간의 영혼'을 가축과 같은 범주로 가장 나중에 언급한다는 것이다.256) 당시 로마의 무역 목록들 가운데 마지막으로 노예를 언급한 것은 그들이 로마 사회에서 어떤 위치에 있었는가를 짐작하게 한다. 당시 노예들은 사고파는 물건으로 취급되었다. 그뿐만 아니라 그들은 로마 사회에서 법적 지위도 없었기 때문에 노예의 자녀도 주인의 재산이었다.257)

결국 요한계시록은 큰 성 바빌론의 멸망이유가 바로 사람의 영혼을 상품화하고 핍박과 학대를 일삼은 것에 있음을 고발한다. 바빌론의 멸망에 대해 "그의 죄가 하늘에 사무쳤으며 하나님은 그의 불의한 일을 기억하신지라"고 평가한다. 하나님이 로마를 상징하는 바빌론의 불의를 기억하시고 그들의 행위대로 갑절로 갚아 주셨음을 의미한다(계 18:6). 큰 성 바빌론의 심판은 사치와 향락을 위해 사람을 상품화하고 노예로 착취하는 것에 대한 보응이 반드시 있음을 보여 준다. 그들은 누린 것만큼 철저히 고통과 애통함을 당한다(계 18:7). 결국 망할 것 같지 않았던 거대한 큰 성 바빌론은 단 하루 만에 멸망하여 하나님의 심판이 얼마나 순식간에 진행되는가를 보여 준다(계 18:8).

뒤이어 사망, 애통, 흉년 그리고 불 심판이 등장하고 심판하신 주 하나님을 가리켜 "강하신 자"라고 지칭한다(계 18:8). 당대 로마 제국은 강성했지만, 하나님의 심판 앞에선 하루 만에 무너져 버린다. 요한계시록은 진정한 강한 자가 겉으로 보이는 힘과 화려함이 아닌 약자를 핍박하고 억누르는 악인을 제대로 벌주시는 하나님임을 밝힌다. 이와 같이 요한계시록은 로마제국이 보여준 핍박과 학대를 고발하고 하나님의 심판이 반드시 있음을 경고한다.

IV. 차별과 혐오를 넘어서는 새로운 세상

앞에서 살펴본 대로 요한계시록은 당시 사회적 차별과 핍박에 대한 하나님의 심판이 분명히 작동하고 있음을 보여 주었다. 이것은 약자를 함부로 대하고 학대와 착취를 하는 자들에 대한 하나님의 정의가 살아 있음을 의미한다. 신칼뱅주의적 관점에서 정의 담론을 주도한 월터스토프(Nicolas Wolterstorff)는 정의란 인간이 학대받지 않을 권리가 지켜지는 것이라고 주장했다. 그렇다면 차별과 혐오가 존재하지 않는 세계가 있는가?

요한계시록은 차별과 핍박을 넘어선 세계가 있음을 제시한다. 학대와 고통을 받는 자들의 눈물을 씻어 주고(계 21:4) 불의한 자가 생존할 수 없는 곳(계 21:27)이 있음을 보여 준다. 바로 요한계시록 21-22장이 소개하는 새 예루살렘 성이다. 차별과 혐오가 존재하지 않고 오직 하나님의 영광이 비추어 해와 달의 비침이 필요 없는 세계이다(계 21:23). 또한 약자를 학대하고 죽이는 악인들이 들어갈 수 없는 곳이다(계 21:8; 22:15). 이것은 세상에서 차별과 혐오를 마주할 수밖에 없는 독자들을 새로운 희망으로 이끈다.

그렇다면 과연 요한계시록의 메시지가 현시대의 차별과 혐오를 겪는 자들과 어떻게 연결될 수 있는가? 필자는 요한계시록이 단순히 핍박과 순교를 당하는 성도들만 들어야 하는 메시지라 보지 않는다. 오히려 차별과 혐오를 겪고 있는 또 다른 이웃들이 요한계시록의 메시지를 통해 그들도 복음으로 이 세계 안에 들어올 수 있다. 이런 점에서 요한계시록은 차별과 혐오를 넘어서서 새로운 희망을 바라보도록 독자들을 초청한다.

V. 나가는 말

1세기 로마 사회에서 이루어진 학대와 핍박은 21세기를 살아가는 지금도 다른 모습으로 존재한다. 여전히 가진 자의 갑질과 학대가 일어나고 있고 세상은 억울한 일을 당한 자들로 넘쳐난다. 여기서 '하나님의 정의가 과연 살아 있는가'라는 의문을 제기할 수 있다. 이런 상황 속에서 요한계시록은 교회와 세상을 향해 어떤 메시지를 줄 수 있는가?

첫째, 요한계시록은 억울하게 핍박당한 자들의 호소를 들으시는 하나님을 제시한다. 로마제국 아래 약자의 편에 서서 그들의 외침을 들으시고 정의를 이루시는 하나님을 소개한다. 상한 갈대를 꺾지 않으시고 꺼져 가는 등불을 끄지 않으시는 하나님의 마음을 읽어야 할 것이다. 이 땅의 교회는 얼마나 약자의 편에 서서 그들의 소리에 귀 기울이고 있는가? 오히려 강자의 편에 서서 유익을 구하고 있지 않은가? 교회는 학대받고 억울한 약자의 소리에 귀 기울이고 오히려 그들을 섬기는 위치에 있어야 할 것이다.

둘째, 약자를 차별하고 학대하는 일에 대해 엄중한 심판이 있음을 알아야 한다. 로마제국의 멸망은 그들의 과대한 사치와 향락을 위해 사람의 영혼과 몸을 상품으로 간주하고 학대하는 악에 있었다. 요한계시록은 이러한 불의에 대한 심판이 반드시 있음을 경고한다. 만일 하나님의 심판에 대한 분명한 종말론적 인식이 있다면, 함부로 약자를 혐오하고 차별하는 악을 저지를 수 없을 것이다.

셋째, 요한계시록은 차별과 혐오를 넘어서서 새로운 세계를 제시한다. 그곳은 차별과 혐오가 존재하지 않고 모든 인간이 존엄하게 여겨지는 세상이다. 이러한 점에서 요한계시록은 1세기뿐 아니라 차별과 혐오가 여전히 존재하는 지금도 희망의 울림이 된다.

미주

230) 김예리, "이주 노동자 노동절 행사 왜 항상 일요일일까", 『미디어 오늘』 (2019년 4월 28일), https://n.news.naver.com/article/006/0000096570 (접속, 2020년 2월 22일); 김정훈, "성추행·폭언·폭행·무보수", 『경향신문』 (2018년 7월 31일), http://news.khan.co.kr/kh_news/khan_artid= 201807311838001&code=940702 (접속, 2020년 2월 22일).

231) Mitchell Glenn Reddish, *Revelation* (Macon: Smyth & Helwys Pub, 2001), 253.

232) G. K. Beale, *The Book of Revelation* (Grand Rapids: Eerdmans, 1999), 7-9, 15, 30; R. Bauckham, *The Theology of The Book of Revelation* (Cambridge: Cambridge University Press, 2019), 90; J. Nelson Kraybill, *Imperial Cult and Commerce In John's Apocalypse* (Sheffield: Sheffield Academic Press, 1996), 58-65; G. R. Osborne, *Revelation* (Grand Rapids: Baker Academic, 2002), 6-12.

233) Beale, *The Book of Revelation*, 5-6.

234) Ibid., 9.

235) Craig R. Koester, *Revelation: A New Translation with Introduction and Commentary* (New Haven: Yale University Press, 2014), 409.

236) Osborne, *Revelation*, 284.

237) Beale, *The Book of Revelation*, 390.

238) Stephen S. Smalley, *The Revelation to John: A Commentary on The Greek Text of The Apocalypse* (London: SPCK, 2005), 506; 이필찬, 『내가 속히 오리라』, 850-851.

239) 이병학, 『요한계시록』 (서울: 새물결플러스, 2016), 207.

240) W. Bauer, F. W. Danker, W. F. Arndt and F. W. Gingrich (eds), *A Greek-English Lexicon of The New Testament and Other Early Christian Literature*, 300-301.

241) Beale, *The Book of Revelation*, 394; Osborne, Revelation, 288.

242) Beale, *The Book of Revelation*, 426-427.

243) *The Climax of Prophecy* (Edinburgh: T. & T. Clark, 1993), 225.

244) Beale, *The Book of Revelation*, 394.

245) 이병학, 『요한계시록』, 207.

246) Koester, *Revelation*, 410.

247) Osborne, *Revelation*, 289.

248) Beale, *The Book of Revelation*, 395-396.

249) Ibid., 395.

250) J. J. Collins, "Introduction: Toward the Morphology of a Genre", *Semeia* 14 (1979), 9.

251) Osborne, *Revelation*, 478; Richard Bauckham, *The Climax of Prophecy* (Edinburgh: T. & T. Clark, 1993), 240.

252) Osborne, *Revelation*, 284, 348.

253) Ibid., 636.

254) Koester, *Revelation*, 411; 마이클 고먼/박규태 옮김, 『요한계시록 바르게 읽기』 (서울: 새물결플러스, 2010), 296-297.

255) 데이비드 A. 드실바/김경식 외 6인 옮김, 『신약개론』 (서울: CLC, 2013), 207-208.

256) Beale, *The Book of Revelation*, 909.

257) 데이비드 A. 드실바, 『신약개론』, 207-208.

강철구
웨스트민스터신학대학원대학교 구약학 교수

강호숙
비블로스성경인문학연구소 연구원 및 기독인문학연구원 강사

구자용
주안대학원대학교 구약학 교수

김혜란
KC대학교 신약학 초빙교수

박성철
횃불트리니티신학대학원대학교 초빙교수 및 경희대학교 객원교수

박유미
안양대학교 구약학 겸임교수 및 비블로스성경인문학연구소 소장

안주봉
비블로스성경인문학연구소 연구원

오민수
한국국제대학교, 경민대학교 강사

유연희

미국 연합감리교회(UMC) 목사 및 감리교신학대학교 객원교수

이수봉

ACTS 선교대학원 북한선교학과 강사 및 하나와여럿통일연구소 소장

혐오를 부르는 이름, 차별

초판인쇄 2020년 5월 20일
초판발행 2020년 5월 20일

지은이 비블로스성경인문학연구소
펴낸이 채종준
펴낸곳 한국학술정보㈜
주소 경기도 파주시 회동길 230(문발동)
전화 031) 908-3181(대표)
팩스 031) 908-3189
홈페이지 http://ebook.kstudy.com
전자우편 출판사업부 publish@kstudy.com
등록 제일산-115호(2000. 6. 19)

ISBN 978-89-268-9944-1 03230